JN221119

ぼくに7つの習慣 を 教えてよ！

フランクリン・コヴィー・ジャパン編

リーダー・イン・ミー

FranklinCovey | EDUCATION

キングベアー出版

目次

プロローグ
子どものリーダーシップを育む
「7つの習慣」

リーダー・イン・ミー
「7つの習慣」

　リーダーシップはビジネスの世界だけでなく、今や現代に生きるすべての人に必要不可欠な資質です。それが証拠に、世界の教育界では子どもの頃から、リーダーシップ育成に注力していることからも伺えます。

　中でも、フランクリン・コヴィー社の「7つの習慣」に基づいた学校改革プログラム「リーダー・イン・ミー」は、世界で約 2,000 を超える小学校に導入され、子どもたちの価値と可能性を引き出しています。

　本書は、日本のある小学校の先生が、小学校高学年の子どもたちに向けて行った「7つの習慣」授業を再現したものです。読んでいただくと、みんな最初は「何が始まるんだろう？」といった少し緊張した面持ちでしたが、すぐに楽しくなり、生き生きとした表情で、面白がりながら学んでいる様子がわかるはずです。

　授業は、小学校高学年でも「7つの習慣」を理解できるよう、身近でわかりやすいエピソードをふんだんに交え、具体的なトレーニングによって「7つの習慣」を実践できるよう工夫されています。「7つの習慣」を初めて学ぶ子どもたちや大人にとって、本書ほど

頼もしい味方はいません。もちろん、「7つの習慣」を頭で理解しても、なかなか実践できないと悩んでいる大人にとっても頼もしい味方です。

　授業を紹介する前に、子どもたちが受けた「7つの習慣」の概要をご紹介しましょう。

子どもたちが受けた「7つの習慣」

第1の習慣
　自分で考えて行動する。自分に責任を持つ。

第2の習慣
　ゴールを決めてから始める。何が大切かを考える。

第3の習慣
　大事なことから今すぐに。自分の約束を守る。

第4の習慣
　Win-Win を考える。みんながハッピー。

第5の習慣
　わかってあげてから、わかってもらう。お互いにわかりあう。

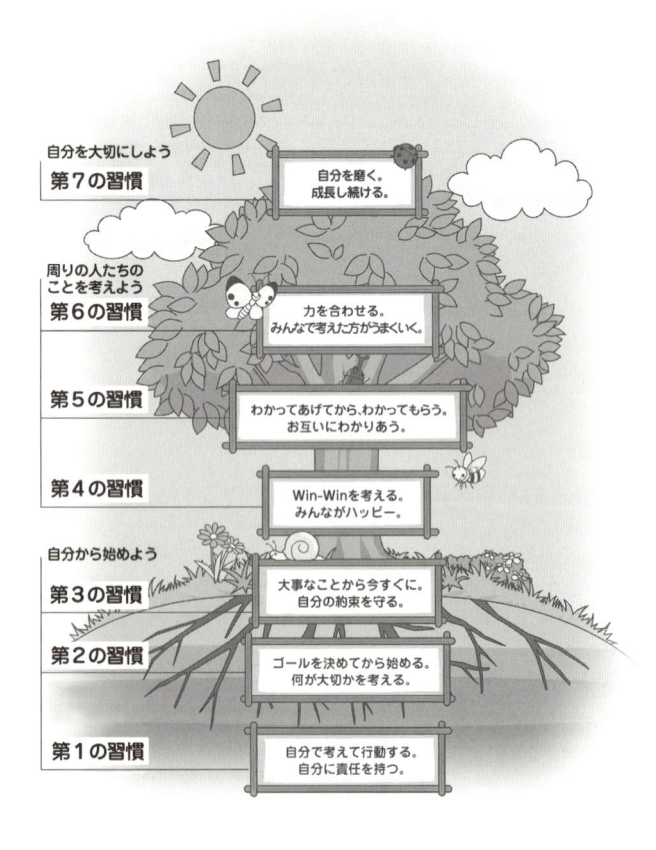

自分を大切にしよう
第7の習慣
自分を磨く。
成長し続ける。

周りの人たちの
ことを考えよう
第6の習慣
力を合わせる。
みんなで考えた方がうまくいく。

第5の習慣
わかってあげてから、わかってもらう。
お互いにわかりあう。

第4の習慣
Win-Winを考える。
みんながハッピー。

自分から始めよう
第3の習慣
大事なことから今すぐに。
自分の約束を守る。

第2の習慣
ゴールを決めてから始める。
何が大切かを考える。

第1の習慣
自分で考えて行動する。
自分に責任を持つ。

第 6 の習慣

　力を合わせる。みんなで考えた方がうまくいく。

第 7 の習慣

　自分を磨く。成長し続ける。

「 7 つの習慣」を学んで、リーダーなんて関係ないと思っていた子どもたちは、「リーダーになる」とは何かを理解していきます。それは、授業を受けた直後の子どもたちの感想を読めばよくわかります。自分の頭で考え行動することができるようになり、リーダーシップを発揮する子どもたちも出始めています。

「 7 つの習慣」はすでに大人たちにはよく知られていますが、子どもたちにも身につけてほしい習慣です。そこで本書をお読みいただき、授業を受けた子どもたちの反応を交えながら、子どもに「 7 つの習慣」を教えていただきたいのです。

　子どもと一緒に「 7 つの習慣」を実践することで、お互いにリーダーシップを身につけ、親子の絆をさらに強めてください。

「リーダー・イン・ミー」特別授業 「7つの習慣」授業

リーダーって何だろう?

「7つの習慣」を
学ぶにあたって

　みなさんは、国語や算数、英語などの学科や音楽、美術、体育などの授業を現在受けられているでしょう。

　もちろん、こういう学科や授業は、将来必要なものです。大人になり仕事をし、世の中に役に立つためには、知識や教養を欠かすことはできません。

　しかし学科だけではなく、同じぐらい、いやもっと大事で必要なことがあります。

　それは、みなさんが社会で生きていくために必要な「誠実さ」や「自主性」「あきらめない気持ち」、それに「優しさ」「協調性」「努力しようとする気持ち」「家族を大事にする心」などといった、心の教養です。これからの人生を、自分に自信を持って元気に過ごすための基礎と言ってもいいかもしれません。それがこれから学ぶ「7つの習慣」なんです。

残念ながら、今の学科だけでは、こうした心の教養については不十分かもしれません。自分自身の力で身につける必要があります。「7つの習慣」を学ぶことは、自分のリーダーは自分であるということを確認し、一人ひとりが自信を持って、人生に立ち向かい、実りのある充実した人生を送ることができるようにすることです。

　また、この「7つの習慣」は、単に覚えたら終わりというものではありません。毎日毎日の積み重ねで少しずつ身につけていくものです。普段は同じように見えても、いつのまにか大きな力になっているのです。

　では授業を始める前に、「7つの習慣」とはどんなものなのかを簡単に説明しておきます。「7つの習慣」はアメリカのリーダーシップの先生だったスティーブン・R・コヴィー博士が、1776年のアメリカ合衆国建国以降に出版された、成功に関するあらゆる本を集め考えた結果、成功に共通する習慣を7つにまとめたものです。

　コヴィー博士は、はじめの150年間と最近の50年間に出版された本では、成功する原因に大きな違いがあることに気づきました。

はじめの 150 年間は、誠実(せいじつ)・謙遜(けんそん)・忠実(ちゅうじつ)・節制(せっせい)・勇気(ゆうき)・正義(せいぎ)・忍耐(にんたい)・勤勉(きんべん)など、人格に関わる部分であり、次の 50 年間は社会的イメージづくりやテクニックなどに集中していたのです。

はじめの150年間では成功するには人格がもっとも大切であり、残りの 50 年は成功するには見た目やテクニックが大切という考え方でした。後半のテクニック重視の風潮は現在にも引き継がれており、成功するために必要な人格を磨く習慣はすっかり影が薄くなっています。

そこで、コヴィー博士が注目したのは前半 150 年の人格です。後半 50 年の見た目や表面的なテクニックでは短期的な成功を得ることはできても、問題を解決したり長期的な成功を勝ち取ることはでないということでした。

それは友情について考えればはっきりします。友情は1日では得られず、毎日の付き合いの積み重ねによってしか得ることはできないからです。また、赤ちゃんは立つことができないうちは歩くこともできず、九九を習ってから分数を習い、ひらがなを習ってから漢字を習うように、成功を手に入れるには順番があるのです。

第1、第2、第3の習慣は、君たちが自立を身につけるための習慣であり、第4、第5、第6の習慣は周囲の人々との相乗効果とリーダーシップを発揮することを学びます。最後の第7の習慣は、現状に満足することなく、自分自身を磨き続けることで持続的な成長を可能にします。

　最初に、リーダーとして必要なものの見方・考え方、良い習慣について学びたいと思います。
　次の言葉を、声に出して読んでみよう。

「この本では、リーダーとして必要なものの見方、考え方、良い習慣について学びます」
「この本では、自分の中にある、自分の考えをしっかり持ちます」
「この本では、まずは自分の考えを知り、違う考えを受け入れ、自分の考えを組み立て直します」
「この本では、学んだことを日常生活の中で習慣化し、自分の力にします」

しっかり声に出して読むことで、みんなの中に、「よーし、これを勉強するんだ！」ってスイッチが入るんです。それだけでやる気になるなら、簡単でしょ？

　今、声に出して読んだ４つのことは、これから学習していく中で、みんなの道しるべになる言葉です。だから、学習しながら、いつも頭のどこかで気にかけておいてください。

　先生はときどき、「自分の頭で考えられましたか？」って、聞きます。そのとき、ちゃんと「はい！」と答えられるように、何度も声に出して読んで覚えてしまおう。これは、みんなと先生の大事な約束です。

　でも、自分の頭で考えるってどういうことだろう？　ちょっと難しいよね。実は、自分の考えたことが、本当に自分だけの考え方とは限らないし、自分の考えにこだわることが必ずしもいいとは限らないんだ。

　こんなふうに考えてみようか。たとえば、最初に自分の考えたことがＡだったとしよう。でも、友だちのＢという話を聞いてみたらそ

れもいいかなと思って、自分の考えがＡからＢに変わった。これは
OK。なぜかというと、ＡよりＢのほうがいいって、ちゃんと自分の
頭を使って判断したからです。

　ここから一歩進んで、他の人の考えの中からいいなと思ったことと、
自分の考えをミックスして、新しいＣという考え方にするのは、もっ
といい。そういうふうに、自分の考えをもとにして、いろいろな考え
を取り入れながら、新しい考え方につくり直していくことはとても大
切です。これは、すごくおすすめの方法。そうやって、どんどん自
分の考え方を進化させていくと、すごく面白いし、いい勉強になる。

どんどんやっていくといいと思うよ。

　それから、「学んだことをどこかで生かしましたか?」ということも大事なポイント。これは、さっき読んだ「学んだことを日常生活の中で習慣化する」というのと同じ意味なんだけど、せっかく学んだことも、そのままにしておいたら、あっという間に忘れちゃうから。

　そうならないように、学んだ日から、できれば1週間以内に、自分でいろいろ試してみたり、何度も考えてみたりすることが大切。それで、「ああ、あれって、こういうことなんだ!」って納得できたら、きっと忘れないはずです。

　そうなると、必要なときにすぐに思い出して使うことができますよね? 「習慣にする」というのはそういうこと。学んだことを自分の心や体の中になじませることなんだ。

　というわけで、さっき読んだ4つのことをいつも思い浮かべながら、この学習を進めていこう。そのつど読み返さなくても、すぐに出てくるようにしておくこと。約束だよ。

　それから、もし読めない漢字が出てきたら、この本に自分でふり

がなを振ったり、何度も書いたりして、読めるようにしていこう。わからない漢字が出てきたら、そのままにしないで、必ず自分でふりがなを振るクセをつけておこう。そうすると、いろんな本が読めるようになって、頭がよくなるし、学力もアップするよ。

　では、この学習の進め方を説明しよう。まず、問題が出たら、自分でよく考えること。中には、家族の人や友だちといっしょにやったほうがいいものもあるので、そういうときは積極的に誰かといっしょにやろう。

　それから、できるだけ、しっかりと書き込んでおこう。自分の考えを持つことはとても大事なことだからね。そして、トレーニングのあとには、なぜそう考えたのか、どう考えればいいのかをしっかり振り返っておこう。

　そしてもっと大事なことは、学んだことを学校や家庭で試してみること、行動に起こすことではじめて何かが起こりますからね。

　まず「リーダー」について考えてみます。4つの問題を用意しているので、これを読んで、まずは自分の考えを書いてみよう。

1. リーダーと聞いて思い浮かべることはなんですか?

　なんでもいいから答えを書いてみよう。

2. これまでリーダーになったことはありますか？　また、その時の印象に残っているエピソードがあれば、教えてください。

　まず、リーダーになったことがある、リーダーになったことがない。どちらかの欄にチェックを入れよう。印象に残っているエピソードというのは、リーダーをやったことがある人なら、うまくいった例でも、失敗した例でも OK。友だちとこんなことがあったとか、印象に残っている出来事があったらなんでも書いてみよう。最近のことじゃなくてもかまわないよ。リーダーになったことがない人は、なぜ自分がリーダーになったことがないのか、その理由を考えて書いてみよう。もしわからなかったら、そのままにしておいていいよ。

☐ リーダーになったことがある
☐ リーダーになったことがない

　リーダーをやったエピソード、あるいはリーダーになれなかった理由を書いてください。

3. リーダーにはどんな人がなれると思いますか？

自分の考えを書いてください。

4. あなた自身、リーダーになれると思いますか？　また、その理由はなんですか？

　まず、なれるかなれないか、自分で考えてみてから、なぜそう思うのか、その理由を書いてみよう。

　あわてないでいいからね。じっくり、この4つの問題について考えてみよう。このトレーニングには、「間違い」というものが全くありません。自分の考えを出すことが大事。「こんなこと書いちゃいけないんじゃないかな？」なんて全然考えなくていいから、思ったことを自由に書いてみよう。

　もし、なかなか答えが出てこなかったら、さっさと次の問題に行っちゃおう。最後まで答えたら、なかなか書けなかったところに戻って、もう一度ゆっくり考えてみるといいよ。

　それから、答えを書くときは、「こういうことがありました」って、実際にあった話を書くだけじゃなくて、そのときの自分がどんなふうに感じたのか、どんなことを考えたのかも書ければ、もっといいよ。

　☐ リーダーになれると思う
　☐ リーダーになれないと思う

　その理由を書いてください。

さて、どんなことを考え、何を書きましたか？　今、書いたことを踏まえて、次を読んでみよう。

　この本は、あなたのためにつくられたものです。この本を読むことで、リーダーになるためにとても役立つ「7つの習慣」をぜひ身につけてください。なぜなら、あなたにはリーダーになる力があるからです。
「あなたにはリーダーになる力がある」。この「あなた」って、今、この本を読んでいるあなたのことだよ。

　一人ひとりにその力がある。これ本当です。この学習をしているとき、絶対にそのことを忘れないでくださいね。

リーダーってなんだと思う？　先生はみんなと勉強するために「リーダー」という言葉の意味を辞書で調べてみました。辞書には、指導者、統率者という意味だって書いてあった。

　統率者という説明から考えると、上の立場からものを教えたり、多くの人々をまとめて引っぱっていたりするのがリーダーと思うかもしれないね。うん、それもリーダーのひとつのかたちなのは間違いない。でも、それだけじゃないんです。

　リーダーとは地位や役職でもないし、多くの人々をまとめ、率いらなければならないわけでもありません。なぜなら、リーダーにはさまざまなかたちがあるからです。

　そして、みんなが目指すべきリーダーとは、自分に責任を持ち、自分ができることをし、他の人々と協力して物事を進めていける人の

ことです。そして何よりも、まずは、**自分自身のリーダーになる**という
ことです。

「リーダーにはさまざまなかたちがある」「自分ができることをし」「み
んなが目指すべきリーダーとは、自分に責任を持ち」の部分に、そ
れぞれ線を引いておこう。

「まずは自分自身のリーダーになる」という言葉の意味、わかるか
な?　どんな人でもみんな、自分で自分のリーダーになることができ
るということ。つまり、この世界の全員が、自分という人間のリーダー
になれるということなんです。

　みんなの頭の中にいるリーダーって、たくさんの人がいて、その中
の中心にいる人とか、ちょっと上にいる人とか、なんか、ちょっとえ
らい人っていうイメージかもしれないね。

　だから、リーダーって特別な人がなる地位とか役職だって思ってい

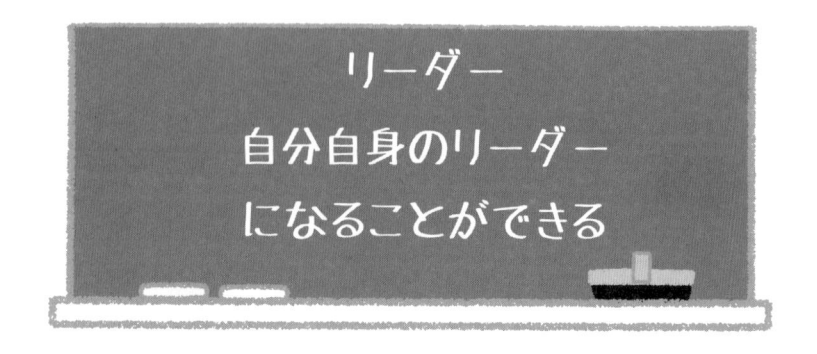

るかもしれない。もちろん、そういうリーダーもいます。だけど、大事なのは、それ以上に、たった一人の自分自身、そのリーダーになることができる、という考え方です。それがとても意味のあることだということを、これからずっとみんなに覚えておいてほしいと思います。これは、みんなが幸せになるために、とても大事なことだから。

　リーダーになれる人ってどういう人だろう？　実は、誰でもリーダーになれます。

　自分自身のリーダーにだったらなれることはできるよね。もちろん、あなたも。

　リーダーになるために特別な力はいりません。勉強ができなくてもいいし、（できるにこしたことにはありませんが）、人をまとめられなくてもいいんです。

　リーダーって、特別な力がないとなれないと考えるのはまちがいです。たくさんの人をまとめなきゃいけないのではないかと思っていたかもしれないけど、そんなことはありません。少し安心しましたか？

　自分の特徴を知っていて、目の前のことに全力を尽くせる人。他人の長所、良いところを見ることができる人。仲間として、共に行動ができる人。自分にできることはないか常に探し、周りに貢献できる人。そんなリーダーに、誰もがなれるんです。

みなさんもよく知っている生き物の話をふたつ紹介します。

ひとつめは、ノミの話です。ノミは通常2メートル近くジャンプするそうです。

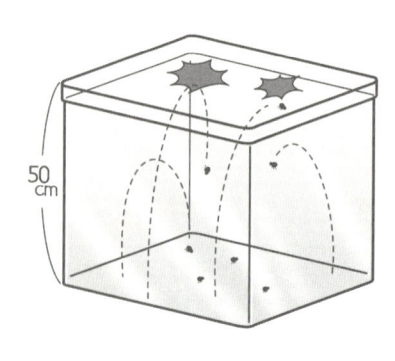

ある時、高さ50センチメートル程度の透明の箱をかぶせてみました。飛び出そうとしてもこの箱の天井が邪魔して跳ね返されてしまいます。何度も何度も挑戦しますが、そのうち、自分の限界を知ってしまうのか、50センチメートル程度しか飛べなくなるそうです。

そして、今度はその箱をどかしてみました。これで問題なく2メートル近く飛ぶことができるはずです。

ところが、箱がないにもかかわらず、50センチ程度しか飛ぶことはできなかったそうです。

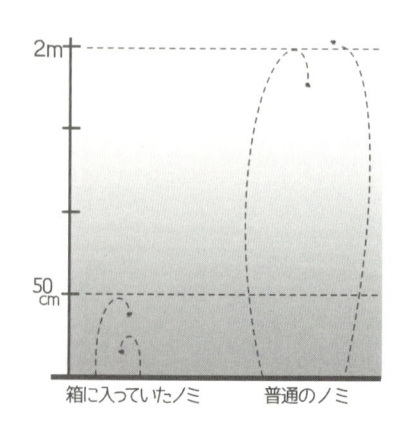

箱に入っていたノミ　　普通のノミ

次は、ゾウについてのお話です。

あるサーカスに、子どもの象がやってきました。通常、サーカスでは、逃げないように、普段は子どもの象の足をくさりでくいにつないでおきます。

子どもの象は、逃げ出そうと必死に足を動かします。しかし、くさりでくいにつながれているために逃げることができません。

しばらくの間は、頑張って逃げようとしますが、くさりとくいをはずすことができず、いつしかあきらめてしまいます。「もう自分の力では無理だ」と思ったのでしょうか。

月日が経ち、子どもの象は大きな象に成長しました。これだけ大きくなったのなら、くさりでつながれていたくいなど簡単に引き抜いてしまえるでしょう。

ところが、できるのにもかかわらず、自分からくいを抜こうとは決してしませんでした。

さて、 このふたつの話に共通することは何だと思いますか？

どうしてこういう結果になってしまったのでしょうか？

下に書いてください。

　　ノミは、「自分はもう50センチしか飛べない」と思いこんでしまっ
たようですし、ゾウは、子どもの象のころに、何度も挑戦しても無理
だったことが、ずっと記憶にあったのでしょう。

　　ふたつの話に共通するのは、ある体験が起こした思い込みですよ
ね。みなさんもこういうことはありませんか？

ある体験をしてしまったために、こういうものなんだと思い込んでしまい、挑戦しなくなってしまう。

　人間のようにはっきりと立証されたわけではありませんが、ノミやゾウはなんらかの働きがあって、結果として自分の能力を発揮しようとしなくなりました。特にゾウは賢い動物と言われているから、「なんとしても…」から「もうだめだゾウ」になったのかもしれませんね。

　でも、もっと大変なことは、人間は、確実にゾウよりも賢い動物だということ。だから、ゾウのように何度も何度も経験しなくても、たった1回の失敗でも、あきらめるという学習をしてしまい、「もう、だめだ」となってしまうことが多いんです。

　たとえば、あるとき算数の点数が悪かったので、自分は算数が向いていないと思い込み、算数の勉強をしなくなり、ますます嫌いになってしまった、などということはありませんでしたか？

　ほんの少しの理由だったにもかかわらず……。

　これ、実はとても怖いことかもしれませんよね？　前のトレーニングで出てきた、リーダーの話。リーダーと聞いて、えらい人しかリーダーになれない。頭のいい人しかリーダーになれない。たくさんの人をまとめられないとリーダーにはなれない。みんな、そんなふうに思ってはいませんでしたか？

そう、これこそが「思い込み」。この思いこみのせいで、できるにもかかわらず、諦めてしまい、なにも行動しなくなってしまう。本当にもったいない話だと思いませんか？
　実はたくさんの人が「悪い思い込み」を心の中に大事に抱えているものなんだ。

　まずは、リーダーとは何々だという思い込みを頭の中からなくしてください。誰でもリーダーになれる。自分でもなれるという新たな思い込み、要するにいい意味での思い込みを、頭の中で育ててください。この思い込み、別名、ものの見方・考え方、もしくはパラダイムと言います。私たちは、実はこのパラダイム、私たちのものの見方・考え方をもとに自分の行動や態度を決めています。そしてこの行動は、やがてあるものに変化していきます。

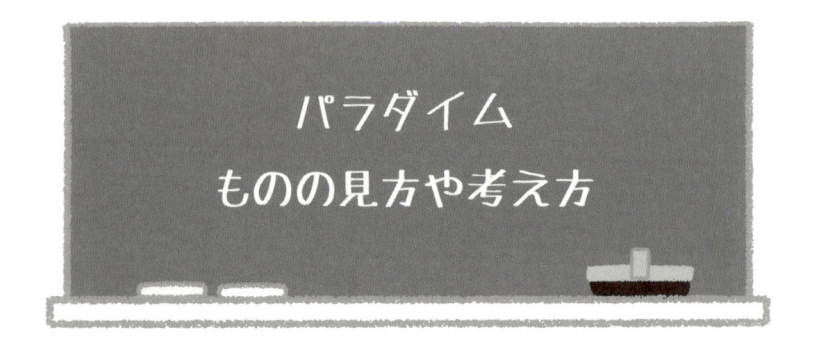

パラダイム
ものの見方や考え方

さあ、「パラダイム」って、聞いたことのない言葉が出てきました。パラダイムってどういう意味かというと、今の説明にもあるように、ものの見方・考え方という意味です。「なーんだ、別に難しい言葉じゃないじゃん」と思った人、その通り！　だけど、すごく大事な言葉で、これからもどんどん出てくる言葉だから、ここで覚えておくといいね。

　１時間目はこれで終わりです。
　以前、このトレーニング後、いろんな感想をもらったので、紹介しますね。

「私はリーダーには向いてないと思うけど、頑張ろうかなって思う」

　この人と同じようなことを考えた人も多いのかもしれないね。でも、これだけはハッキリ言っておきます。小学生のうちから、向いているとか、向いてないとか、決めなくていいです！
「自分はこの程度」みたいに決めるのは、悪い思い込み。今から自分で限界を決めちゃだめ。絶対にだめです。これから、そういう思い込みはいっさいなくすこと。約束ですよ。
　それから、こんな人もいた。

「リーダーになれると思う力がすごくついた」

　この、「なれそうだな、なんとかやれそうだな」と思う気持ちって、ものすごく大事なことなんだ。そう思えるようになるだけでもすごいことだし、そこからいろんな可能性がどんどん広がっていくことになる。

だから、みんなに絶対覚えておいてほしい言葉です。

　次に、**「自分自身のリーダーになれる。その言葉に感動した」**と書いてくれた人がいました。先生は、そういうことに感動する人に感動しました！

　たくさんの感想がある中で、一番感動したのがこれです。

「私は頑固なところがあるけれども、少し素直になってみようかなって思いました」

　自分が頑固だということをわかっている人が、前回の学習で「少し素直になってみようかな」と思ったというのは、パッと見には小さなことのように見えるけれど、その人の中ではものすごく大きな変化だし、勇気のいることなんだ。そういう、自分自身に対する一生懸命でまっすぐな気持ちに、先生はすごく感動しました。

　素直って、本当に大事なことで、「はい」って返事ができる素直さやさっと行動できる素直さが、その人の中の可能性をすくすく伸ばしてくれるからなんだ。

　そして、思ったことを素直に書くのはもちろん大事だけれど、今、例に出した感想のように、読んでいる人にちゃんと思いが伝わると、もっといいですよね。

ここまでの授業を受けた子どもたちの感想

　お父さん、お母さん、僕たちが受けた授業ってすごかったです。

　リーダーなんてなれるわけないって思っていた僕が、ここまでの先生の話を聞いて、なんだかリーダーになる自信が湧いてきたんだ。誰でも、自分自身のリーダーになることができるんだもんね。

　これからの授業が楽しみ。

習慣について

パラダイム

　思い込みとか、ものの見方・考え方を別の言い方で言うと、何て言うのか覚えていますか？　カタカナで5文字。ちゃんと覚えていますか？

　正解は「パラダイム」。パラダイスじゃないよ、パラダイムだからね。でも、パラダイスから連想して覚えた人もいるのかな？　パラダイスの意味は天国だけど、こっちのパラダイムは使い方を間違えたら地獄だから気をつけるように。

　ここからは、パラダイム、思い込みについて、きちんとくわしく説明していきます。

　このパラダイムとか思い込みというものは、私たち人間の根っこのようなもの。その人がどこに行こうが、何をしようが、どんなときでも、どんなところにもピッタリくっついてきて、その人がやることすべてに大きな影響を与えるんだ。

　たとえば「自分はもうだめだ」と思い込んでいる人がいるとしよう。

その人に待っているのはどんな運命だろうか？　残り時間わずかからの大逆転ゴール？　ありえないですよね。

　その人には「自分はもうだめだ」と思った通りの結果しか起こらない。ひどいと思うかもしれないけど、その確率がものすごく高くなります。

　なぜか？

　人というのは、「もうだめだ」と思ったら、その「もうだめだ」という考え方にしたがって、いろんなことをやったり、あるいはやらなかったりするからなんです。投げやりになったり、だらだらしたりしてしまう。そういう行動を毎日毎日続けていったら、その人の未来はどうなるだろう？　想像してみたら、なんとなくわかるよね。

　またトレーニングに入るよ。また声に出して読んでみよう。大きな声でハッキリと。

「私は誰でしょう」

　ヒントを出します。「人が●●を作り、●●が人を作る」「お家の人や、学校の先生からよく言われる言葉です。良い●●を身につけなさい」「最初は、しで始まります」とある。さあ、何だろう？

　「し」で始まる言葉というのが大きなポイントかな。「し」で始まる言葉で、なんとなく当てはまりそうな言葉……真実、食事、幸せ、姿勢、いろいろあるよね。

　「幸せ」をヒントの文章に当てはめてみると、「人が幸せを作り、幸

せが人を作る」、うん、あるかもしれない。「良い幸せを身につけなさい」、うーん、これはあんまり言われないかもしれないな。じゃあ、「姿勢」はどうだろう？　「人が姿勢を作り、姿勢が人を作る」「良い姿勢を身につけなさい」、うん、なかなかいい感じかも。

さあ、答えは……**「習慣」**！

みんなは正解できたかな？

ちょっと問題が難しかったかもしれないね。でも、ヒントにある通り、お家の人からみんながよく言われている言葉だったんじゃありませんか。

習慣とは、あなたが毎日やっていることです。歯を磨く。靴を履く。食事をする。これらはみな習慣です。私たちの生活のほとんどが、習慣から成り立っていると言っても言いすぎではないのです。たとえば、あなたは今日、家を出てくるときに、どちらの足から靴をはきましたか？

思い出してみてください。今日、玄関を出るときに、右足からだったか、左足からだったか。ちょっと立ち上がってみようか。そして、ここが玄関のつもりで「行ってきます」と言って、靴を履くまねをしてみよう。

　今度はもう一回「行ってきます」と言って、逆の足から歩き出してみよう。

　どんな感じだったかな？　もしかしたら、「あまり変わりません」っていう人もいるかもしれないけど、普通は「ちょっと変な感じがする」と感じる人のほうが多いようです。これが習慣というものの力。いちいち頭で考えなくても、体が自然に動いちゃうんだね。

　それでは、次に、腕を組んでみてください。

　簡単に組めると思います。ちなみに、どちらの腕が上にきていますか。次は逆の腕を上にして組んでみてください。どうですか。変な感じでしたよね。

　次は両手の指を組んでみよう。左右、どっちの親指が上にくるかな？　今度は逆の指が上になるように組んでみよう。すぐにできたかな？　どんな感じがするだ

ろうか?

　今度は、右利きの人は左手、左利きの人は右手に鉛筆を持って、紙に字を書いてみよう。どんな字でもいいよ。簡単な字でも、なかなかうまくは書けないのではありませんか?

　こんなふうに「自然にやってしまうこと、自然に考えてしまうこと」、それを習慣と言うんだ。
「今、腕を組んでみて」って言われたとき、「えーっと」なんて考えないで、すぐにできたよね?　毎朝、玄関で「行ってきます」と言って家を出るとき、「こっちの足から」なんて考えなくても、自然に足が出ましたよね?

　習慣になってしまえば、何も考えずにやってしまうし、場合によっては、自分がどんな習慣を身につけているか気がつかないことだってある。自分がリーダーになるためには、自分がどんな習慣を身につけているのか、客観的に見ていく必要があります。

「客観的に」って、ちょっと難しいかな。たとえば、今、自分がここにいるよね。それを、ちょっと離れた上のほうから、もう一人の自分が見ている感じ。いや、本当は見えないけど、そうやって見てみる努力をすること。これも大事にしたい習慣のひとつだね。

自分を客観的に見るためのトレーニングをやってみよう。

1. 自分が身につけていると思う、良い習慣・悪い習慣を書き出してみ ましょう。

　例を紹介しよう。良い習慣例。「夜寝るとき、自分で布団を敷く」。ベッドの人は布団を敷かない代わりにベッドを整えるよね。それを自分でちゃんとやっているなら OK。

　そして、悪い習慣例。「ゲームを始めると他のことが手につかない」。

これは自分のことだって思う人が多いんじゃないかな。正直に答えてね。

　良い習慣からでも悪い習慣からでもいいから、毎日の生活の中でどんなことが習慣になっているか、思いつくまま、どんどん書いてみよう。前にも言ったように、書きやすいところから先に書くといいよ。

なかなか思いつかないときは、朝起きてからのことを順番にいろいろ考えてみるといいかもしれない。朝起きてから学校に行くまで、学校にきてから、放課後、家に帰ってから、というように、1日の生活を思い出していくと、考えやすいんじゃないかな。

　下には5つ書けるようになっていますが、5つにならなくてもOKです。難しく考えなくてもいいから、もしかしたらこれがそうかなって思ったら、とりあえず書いてみよう。

【良い習慣】

【悪い習慣】

実は、私たちの考えていることは、普段の行動になって、それが
やがて習慣になるんです。そして、この身につけている習慣によって、
私たちの未来は変わってくるわけです。

たとえば「誰かから言われなくても、朝起きて学校に行く準備をす
る」という習慣を持っている人は、「朝の時間がスムーズに過ぎ、み
んなの気分がよくなる」というような影響がありますよね。

またここで考えてみよう。

　左に書いてある習慣を身につけると、どういう影響を与えられるか、線で結んでみましょう。

習慣	影響
例：誰かから言われなくても、朝起きて、学校に行く準備をする。	例：朝の時間がスムーズにすぎ、みんなの気分がよくなる。
長い時間テレビを見たり、ビデオゲームをしたりする。	宿題や家の手伝いをするのが遅くなる。
やらなければならないことを、できるだけ先にのばす。	友だちから信用されなくなる。
そこにいない友だちのうわさ話をする。	いつも友だちがそばにいてくれるようになる。
自分から進んで、友だちの考えを聞く。	体の調子がおかしくなる。

解答です。

　まず、「長い時間テレビを見たり……」っていうのは、体の調子がおかしくなる。それから先に延ばすっていうのは、宿題や家の手伝いをするのが遅くなる。それから、そこにいない友だちの噂話。これ、友だちから信用されなくなる。最後は残ったものですね。

　ただし、これはあくまでもひとつの例ですからね。たとえば、先延ばしにするという習慣を持っている人は、友だちから信用されなくなるっていうことに結びつくときだってあるだろうし。「あいつ、いつもやるって言っているのに、やってくれねーよ」とか、影響はひとつではないということを覚えておいてください。

　誰もがいろいろな習慣を身につけています。良い習慣もあれば、悪い習慣もあります。まずは自分がどんな習慣を身につけているのかを、自覚する必要があります。次に大切なのが、当たり前のことですが、良い習慣・悪い習慣の特徴、これを理解することです。良い習慣はできるだけたくさん身につけた方がいいし、悪い習慣はできるだけ早く直さなければなりません。では、それぞれにどんな特徴があるでしょうか。

悪い習慣の特徴を紹介しますね。次の3つです。

- **意識しなくても身につきます。（おそろし〜！）**
- **努力は必要ありません。（ダラダラするのに努力が必要かっ！）**
- **どんどん悪い方向に向かっていきます。（こわっ！）**

次は、良い習慣の特徴です。

- **意識しないと身につきません。（あら…）**
- **努力が必要です。（やっぱり…）**
- **それでも身につかないことがあります。（どんどん良い方向に向かっていくわけじゃないんだ…がっかり…）**

　最後の「それでも身につかないことがある」ここがポイントなんですよ。良い習慣を身につけるのは、かなり大変です。ここ線を引いて囲んでおいてください。最後の「それでも身につかないことがある」のところです。

　私たちの日常生活は、ほとんどが習慣によるものです。ということは、毎日の積み重ねが習慣となり、やがて私たちの人生をつくることになります。良い習慣を身につけている人は、良い人生を。悪い習慣を身につけている人は、良くない人生を送る可能性が高くなります。

ここで残念なお知らせがあります。なんと、人間は意識していないと、どちらかというと否定的な方向へ進む傾向があるようです。だからみんなは、知らず知らずのうちに、マイナスの方向に引っ張られる傾向があるんだそうです。

みなさんも、どちらかというと悪い習慣の方が多く身についてはいませんか？　しかも、人生に大きく影響するような悪い習慣だったらどうでしょうか。

さきほどみなさんが書いた習慣は、そんなに影響の大きくない習慣かもしれませんが、次のトレーニング５では、君たちのこれからの人生に大きく影響する「７つの習慣」を紹介します。その前に「７つの悪い習慣」について紹介します。さて、どんな習慣でしょうか。

次の中で、当てはまるものに正直にチェックを入れてください。

- [ ] 1. 何かあると人のせいにすることが多い
- [ ] 2. 何も考えずに、目標とかあまり持たないで行動して、失敗することが多い
- [ ] 3. 大切なことを後回しにすることが多い
- [ ] 4. 相手、親とか兄弟とか友だち等を攻撃することが多い
      逆に相手にすぐに譲ってしまうことが多いって人も、ここにチェックがつきます。
- [ ] 5. 相手の話を聞かないことが多い
      自分の方が話していることが多い。「聞いて聞いて」って自分が話して、しかも相手が話してくると、その相手の話を途中でさえぎってしまうとかね。たまにお母さんたちにいるでしょ、あんまり大きな声では言えないけど。(笑)
- [ ] 6. 人と協力しないことが多い
- [ ] 7. 勉強、運動、読書、人づきあいなどについて、普段から努力していない
      人づきあいっていうのは友だち関係のこと。友だちを大事にしていない人はここにチェック。

いくつ当てはまりましたか?

もう一回チェックをして、何個あるか書いてください。

個

今、みんながチェックしたものは、大人でも、たくさんチェックがつく人がいます。先生も、昔そうでした。でも、先生は15年前にこのことに気がついて、それから毎日努力をしながら、今15年が過ぎたところです。

　それが「7つの悪い習慣」です。では、私たちが身につけなければならない「7つの習慣」とはどんな習慣なんでしょうか。

「7つの習慣」は、リーダーになるために必要な習慣です。自分のことや、人との関係をよくするためにも役立つ習慣です。また、この習慣は、大人も身につけようと努力をするような大切な習慣です。みなさんは、小学生の頃からこの「7つの習慣」を習慣にできるのです。

リーダーになるための
「7つの習慣」

第1の習慣
自分で考えて行動する。自分に責任を持つ。

第2の習慣
ゴールを決めてから始める。何が大切かを考える。

第3の習慣
大事なことから今すぐに。自分の約束を守る。

第4の習慣

Win-Winを考える。みんな
がハッピー。

第5の習慣

わかってあげてから、わかっ
てもらう。お互いにわかりあう。

第6の習慣

力を合わせる。みんなで考
えた方がうまくいく。

第7の習慣

自分を磨く。成長し続ける。

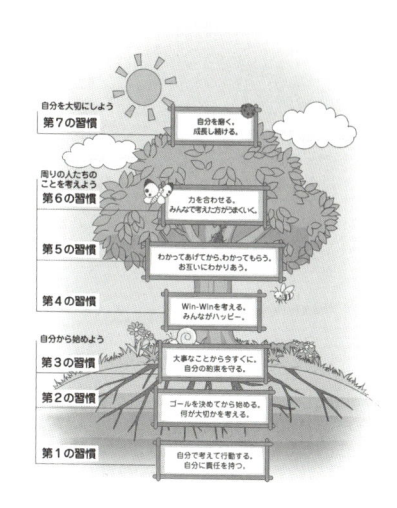

今から10年くらい前に、あるところでこの話をしたあとに、ある先生が私のところにきたんです。

「先生、どうして『7つの習慣』なんですか?」

思わず「えっ、どうしたんですか?」って言ったら、「私、その『7つの習慣』の正反対の人生を送ってきました」と言ったのです。

私は「大変でしたね」と答え、その日から、私はその先生に「7つの習慣」の内容を紹介しました。そしたらその先生は、ガラッと変わりました。大人でもそんなふうに変わるのかと思って、ビックリしたことがあるんです。

リーダーになるために必要な「7つの習慣」

　先生も実は、今もずっと習慣にしようと頑張っているんですが、良い習慣ってなかなか身につかないので、今でも完璧ではありません。

　それでみんなにも、リーダーになるためにも、人生が良くなるためにも、この「7つの習慣」を知ってもらいたいのです。

ここまでの授業を受けた子どもたちの感想

　最初「パラダイム」って難しいなと思ったけど、思い込みということがよくわかったよ。何事も、思い込みで判断してはいけないんだね。

　僕も、今までいろんなことを思い込みで判断して、行動しちゃってたんだなって、ちょっと反省。これから「思い込み」をやめるようになれば、自分では気づかなかったものが見えてくるかもしれないよね。やっぱりこれも身につけなきゃ！

第1の習慣
『自分で考えて行動する。自分に責任を持つ。』

これから学習する習慣は、「**第1の習慣 自分で考えて行動する。自分に責任を持つ。**」です。

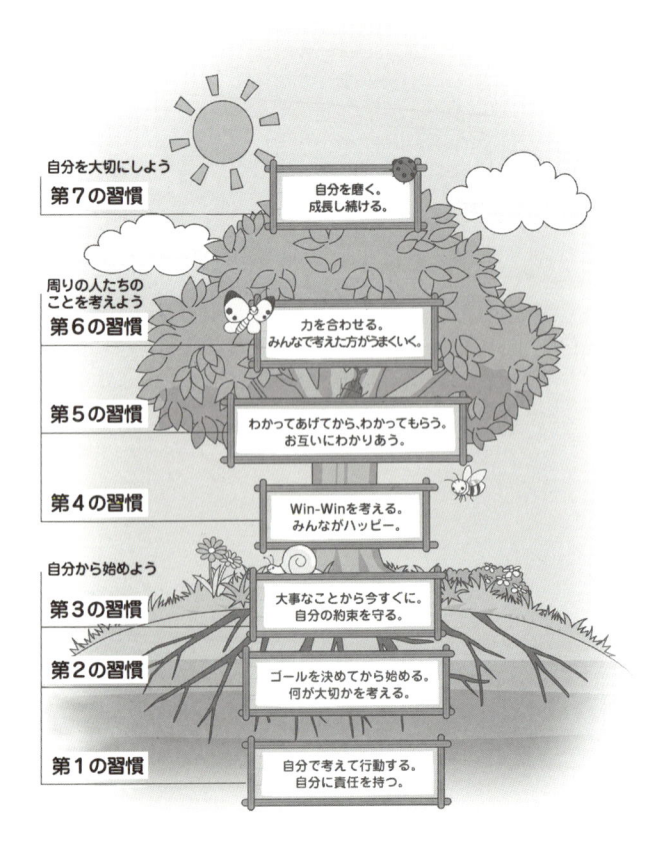

この図を見てください。「7つの習慣」という木です。この根っこの部分にあたるのが、「第1の習慣　自分で考えて行動する。自分に責任を持つ。」です。一番大事な習慣になります。

　そして、この章の最後でいいますが、この習慣を勉強してしまうと、あることができなくなります。みなさんもう後戻りできなくなります、残念なことに。

　それは何か、最後にお知らせしますね。それではさっそくトレーニングに入りましょう。

次のことを一度でも思ったり、口にしたりしたことがあれば、正直にチェックを入れましょう。

- ☐ 僕、私は、生まれつきこうだったから変えられるはずないんだ
- ☐ 昔からこうだったもん。無理に決まってる。絶対に無理
- ☐ スタートが端っこだから負けたんだ。場所が悪かったんだよ
- ☐ 校庭の砂で滑って順位が遅くなったんだよ。早く走れなかったよ
- ☐ 先生はいつも私のこと、僕のことばかり怒る。何で僕ばかりなの？　私ばかりなの？
- ☐ お父さんもお母さんもいちいちうるさいでしょ。いわれなくてもわかっているのに、いい加減にして！

次、これまでに次のようなことありませんでしたか？

- ☐ すぐにカッとなってキレた
- ☐ すぐに行動できたのに、ぐずぐずして結局やらなかった
- ☐ 一生懸命掃除できたのにやらなかった

この３つのうちどれかを選んで、自分に近いと思うもの、自分に当てはまると思うものに丸をつけてください。もし無いという場合は、つけなくてもいいです。

　そして、どれか選んで、その時のエピソードがあったら書いてください。こんなときに、こんなふうにキレて、友だちとこんなふうになってしまったとか。自分のこと、ちょっと思い出して書いてみましょう。別にキレないまでもカッとしたことがあるとか、そういうことでも全然かまいません。行動しなきゃいけないのになかなか取りかかれなかったとか、そういうことでもかまいません。

　最後の文章は、「掃除」となっていますけど、何か一生懸命やらなきゃいけないことをやらなかった、さぼってしまった、いい加減にやっちゃった、そういうことでもいいですよ。

　エピソードやその場面について書いてください。

今書いたエピソード、場面について、今からその場面を振り返ってみてください。自分がカッとしたり、それから一生懸命やらなかったりしたことを書いてもらいましたが、そのときに、それ以外の選択肢<ruby>選択肢<rt>せんたくし</rt></ruby>はありませんでしたか？

　選択肢というのは、今、たとえばみなさんがカッとなる。でもそれ以外にできることはありませんでしたか？ということです。

　そのときに、カッとなることしかできませんでしたか？　それしかできなかったですか？　それとも違う行動を自分で選ぶことができましたか？

　もしかしたら違った行動をとれたかもしれませんね。

　それでは、この図を見てください。

【　　　　　　】

刺激 ▶ 反応

【　　　　　　】

刺激 ▶ スペース ▶ 反応

たとえば友だちから「おい、ばかやろう」と言われたとします。この友だちからの働きかけを「刺激（しげき）」と言います。

「刺激」とはあなたの周囲からやってくるもののことです。いろいろなところからやってきます。学校の先生から、両親から、友だちから、テレビから……。いろいろありますよね。お母さんから何か言われるというのが刺激。それから、今みんなはこの本を読んでいる、これも刺激。出来事とも言い換えてもいいと思います。

　それに対して何か返すことを反応といいます。

　みなさんは「おい、ばかやろう」と言われたときに、どう反応しますか？　すぐにカッとなったり、言い返したりしていませんか？　そしてその後は最悪の結果に…。

　このように、良くない結果につながる反応をしてしまうことを、「反応的」と言います。これは、左上の図です。今、刺激と反応がピッタリくっついています。これを反応的と言います。【　　　】に反応的と書いてください。

握り拳を作って、そしたら胸の前で、右の拳と左の拳を合わせてください。

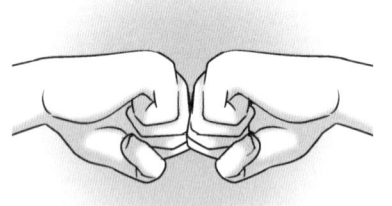

　両手がくっついている。これが反応的な状態。要するに、この刺激と反応には間が全くなく、手がくっついている状態。何か刺激を受けたときに、「何だこの野郎！」ってすぐに反応する。これが反応的です。

　次に、刺激を受けたときに、ほんのちょっとスペースを空けて、落ち着いてどう反応するか考えて反応することを「主体的」と言います。いいですか。

　58 ページの図の下の図のように、刺激がやってきても反応するまでの間にスペースがあります。つまり、ひと呼吸おいてから反応できるということです。58 ページの図にある【　　　】の中に、「主体的」と入れてください。

　このスペースを空けることこそ、人間ができる素晴らしい力なのです。動物にはできません。他の動物にはできない能力なんです。人間だけが、このスペースを空ける力を持っているんです。

では問題です。

　刺激があったとき、スペースを空けるに
はどうしたらいいでしょうか？

　右の図を見てください。これ、何かで見
たことはありませんか？　DVD や CD 再
生装置にあるストップ、一時停止ボタンで
すね。

　刺激と反応の間にスペースをあけるには、一時停止ボタンを自分
の中に身につけるのです。この一時停止ボタンを使うと、さきほど
紹介した反応的な例を主体的に変えることができます。

　要するに、みんながさっきチェックを入れたところがありましたよ
ね。たとえば、「生まれつきだから変えられない」　これは、反応的
な言葉です。それを「できるとこまでやってみよう」と思いなおすこ
ともできますよね。

　それから、「場所が悪かったんだよ、チクショー」とか言っていた
のも、「これは自分の実力だ、次頑張ろう」と考え方を変えることが
できる。

　それから、「僕や私ばっかり注意するんだ」って思っていたことも、
「僕や私のことを、お父さん、お母さんは考えてくれているんだ。先
生はいつも注意するけど、それは僕のためを考えてやってくれている

んだ」と考え方を変えることはできるんです。

　どうですか？　難しいけどできると思いませんか？　だって、さっき他に選択肢はないんですか？と聞いたとき、「ある」と思いませんでしたか？　それがこの選択肢です。

▲反応的		●主体的
「生まれつきだから変えられない」	→	「できるところまでやってみよう！」
「場所が悪かったんだよ！」	→	「自分の実力だ。次、頑張ろう！」
「僕（私）ばかり注意するんだ」	→	「僕(私)のことを考えてるんだ…」

　このように、一時停止ボタンを使って、どう反応するか、それからどういう態度をとるか、それからどういう行動をとるか、自分で選ぶことができます。

　ここはすごく大事なところで、ぜひじっくり考えてほしいんです。さっき、みんなは、すぐにカッとなったり、すぐにさぼったり、それからいい加減にやったりということをチェックしました。

　今までは、それを無意識にやっていました。でも、本当に「あいつのせいだ」と思ってけなしてきたのも、実は、それは無意識に自分で選んでいたとも言えるわけです。

　なぜならば、他の方法もとることができるからです。だからさっき、

「他の方法はとれませんでしたか?」という質問にたいして、おそらく「とることができた」と思ったはずだよね?

ということは、違う選択肢を選んで、「いや、自分はそのように反応しない」という反応を選ぶことができるということなんです。

ここで最初のほうで書いた、「これからみんなができなくなることがある」というのを思い出してください。

この、「これからみんなができなくなること」とは、**「これからは人のせいにできなくなる」**ということです。

これは相当厳しいですよ。先生はその事実に、大人になってから気がつきました。でもみんなは、今気づいてしまった、知ってしまった。これから大変ですね。(笑)

だから、人のせいだなと思っていても、いや、そうじゃないな。何か自分に悪いところなかったのかと考えることもできるわけです。

　それから今本を読んでいるけど、このときに、この本から何か学ぼうと思って読むか、いい加減に読み飛ばそうかというのも、自分で選ぶことができるんです。

　おそらく、適当にパラパラとめくっている人もいれば、真剣にトレーニングに取り組んでいる人もいる。それは、すべて自分で選んだということ。この先、どちらが自分のためになるかは明らかだよね。

　これこそが、「第１の習慣　自分で考えて行動する。自分に責任を持つ。」という習慣です。スペースを空けることができる、これが第１の習慣です。まずはこの第１の習慣を身につけ、人のせいにしない人生を歩んでいきましょう。

　さあ、これからは言い訳ができなくなります。人のせいにできなくなります。ぜひ、主体的な毎日を送ってほしいと思います。

トレーニング7に行きましょう。今度も面白いよ。

次のページの図をみてください。1から12まで、ある出来事、ことがらが書いてあります。この中で、自分でコントロールできることは、内側の赤い円の中に入れてください。

それから、自分にはどうにもできないことは赤と黒の間の円の中に入れてください。何を入れるかっていうと、次の内容です。

天気、朝起きる時刻、家に帰ってから何をするか、友だちの態度、事故、日の出の時刻、試合の結果、自分が着ていく服、掃除をする姿勢、過去の失敗、先生の態度、寝る時刻

それを、自分でコントロールできることなのかどうか考えて記入してください。誰かと相談しながらやってもいいですよ。では、どうぞ。

1 天気　　2 朝、起きる時刻　　3 家に帰ってから何をするか

4 友だちの態度　　5 事故　　6 日の出の時刻　　7 試合の結果

8 自分が着ていく服　　9 掃除をする姿勢　　10 過去の失敗

11 学校の先生の態度　　12 寝る時刻

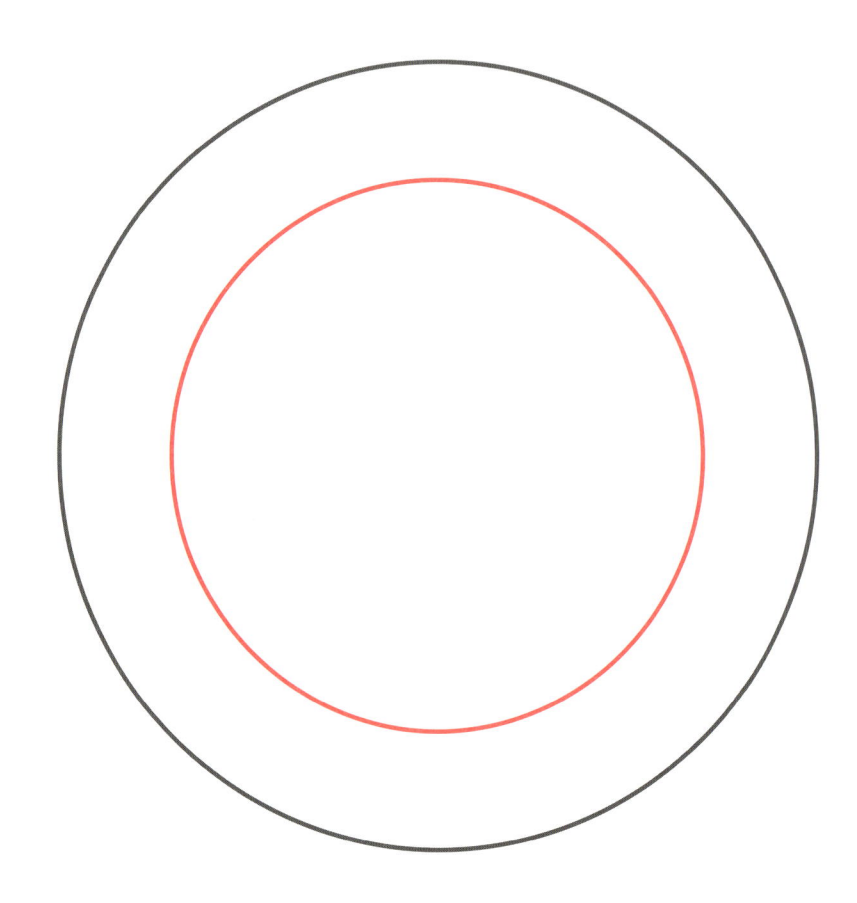

それでは検証していきます。まず天気、「よーし、雨よ降れ！」無理ですね。だって天気、コントロールできるの？　無理だよ、無理無理。だから、赤い線の外側の円になります。

　次、朝起きる時刻。これは大丈夫だよね？　だって目覚ましをかけて、6時に起きるって決めることはできます。起きられる、起きられないじゃなくて、コントロールできるかどうかだから、これはコントロールできます。

　次、家に帰ってから何をするか。これもできます。自分で決めることができます。ただし、もしかしたら、おうちの人が教育熱心なご両親で、「家に帰ってきてからは、私の言う通りにするんですよ」などという家は無理かもしれないけど、基本的に家に帰ってから何をするか、これはコントロールできます。

　次、友だちの態度。「よーし、あいつの態度を変えてやる」　これ

無理です、絶対無理です。コントロールできると思っている人は、それは自分を王様だと思っている人。「私を好きになりなさい」「わかりました、王様」（笑）。でも、そんなのはあり得ません。友だちの態度は変えられません。

事故、無理です。「自分で気をつければいい」と思うかもしれませんが、事故はコントロールできないと思いますよ。だって突然、自分が事故にあうことがあるんですから。それが防げるのであれば、事故はゼロです。

日の出の時刻、無理です。「すいません、明日の日の出、5時にしてください」　無理です。「明日ちょっと出かけるんで」　無理です。

試合の結果。「よーし、3対1で勝ってやるぞ」とか、それは無理です。

自分が着ている服、これも OK ですね。これ、できます。ただしご両親が、「お母さんの言う通り、これ着なさい」そういう家は無理かもしれない。でも、基本的に大丈夫ですね。

掃除をする姿勢、一生懸命やるって決めることができます。

過去の失敗、無理です。学校の先生の態度、これも無理です。これも友だちの態度と一緒だよね。要するに、他人の態度をコントロールすることはできません。

寝る時刻、これも決められます。

さて、私たちは周りで起きる物事、情報など、色々なことに関心を持っています。自分自身がコントロールできるものは、「**影響の輪**」というものに入ります。「影響の輪」、口に出して言ってみましょう。大事な言葉ですよ。

　逆に、自分自身がコントロールできないものは、「**関心の輪**」に入ります。これも大事な言葉です。「関心の輪」、さきほどの図で言うと、赤い線の外側の円ですね。

　もし自分がコントロールできないのに、無理に変えようとすると大変なことになります。たとえば天気、天気を変えることはできますか？無理ですよね。それなのに、無理なのに、なんだか雨で嫌だな〜と思ったり、イライラしたりすることありますよね。変えることができないのに。

　それから、車の渋滞。みんな、道路の渋滞って経験したことがありますか？　あれ、変えられますか？　そう、変えられないのに、けっこうイライラしたりしませんか？

　自分がコントロールできないことばかりに引きずられて、イライラしたり気分が悪くなったりしてしまうと、自分がコントロール

できる範囲、つまり影響の輪がどんどん小さくなっていき、私たちのできることはさらに減っていきます。ここ大事ですよ。

　たとえば、天気を変えることはできません。でも、その天気を変えられないのに、何だよ雨でってイライラしたり。それから渋滞、変えられないのに、なんだよ早く行きたいのにって言ったって、無理です。

　できないことのために無駄なエネルギーを使ってしまうことで、私たちのできることは減っていくのです。できないことに振り回されて、できることに気持ちが向かわないわけですから。

　また、そういう態度をとると、周りの人たちもすごく嫌な気持ちになります。たとえば家族で楽しく行っているのに、ひとりでイライラしたりすると、その雰囲気が悪くなってしまうなど、良くない結果が起きていくんです。

　ところが、次ページの図を見てください。主体的な人は、不平不満も言わずに、自分がコントロールできることに集中します。

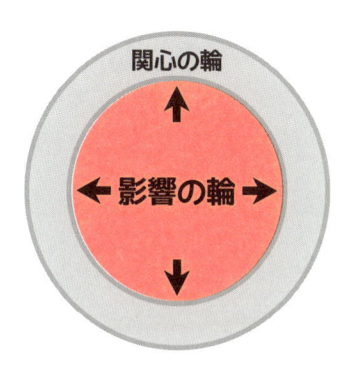

関心の輪

← 影響の輪 →

　雨が降っていようが、渋滞していようが、自分がコントロールできないことに対しては、受け入れて、他の楽しいことや自分が影響できることをやろうとします。たとえば、渋滞しているなら、楽しい話をしたり、歌を歌ったりするかもしれませんね。

　そうすると、周りの人があなたを信頼して、どんどん影響の輪が広がって、やがて自分の周りの世界を変えることができます。

　今の君たちにはピンとこないかもしれないけど、影響の輪の中のことに集中すると、みなさんの世界は変わります、絶対に。これこそが、「第１の習慣　自分で考えて行動する。自分に責任を持つ。」なのです。

日本とアメリカで活躍した元プロ野球選手の松井秀喜さん。松井選手が、現役時代、こういうことを言っています。

「自分にコントロールできないことは一切考えない。考えても仕方のないことだから、自分にできることだけに集中するだけです」

　だから松井選手は、スランプになったときも、決して、「外国に行って大変だ」とか、「食事が悪いんだ」とか、「環境が悪いんだ」ということを、一切言わなかったそうです。「スランプになったのは自分の責任です。だから自分で変えてゆけるのです」とも言っていたそうです。

　さらにイチローさんも同様のことを語っています。

　メジャーリーグのある年のこと。イチロー選手は首位打者を争っていたそうです。そのときある記者が「今日の成績（首位打者のライバルの成績）が気になるか」と聞いたところ、「全く気にしない。自分のコントロール外のことだから」と答えたそうです。

　さあ、みなさんも松井選手やイチロー選手と同じように、まずは自分のできることに集中しましょう。それも第1の習慣を実践することになるのです。ここ、線引いておこう。「まずは、自分のできることに集中する」

あなたは、流れを変える人
になることができます。

「流れを変える人」とはどういう人のことでしょう？

　これからみなさんが進級していけばいくほど、大人になるわけですから、学級も社会もよくなるはずです。しかし、現実にはそうはいきません。学級にも社会にも、必ず和を乱す人というものがいるものです。

　では、そんな中で自分はどう振る舞うべきか。もちろん、こうしなければいけないというものはありません。逃げてもいいし、見て見ぬ振りをしてもいい。それはそれで、ひとつの生き方です。

　しかし、ここでこそ第1の習慣を発揮することもできるのです。それが、流れを変える人になることを選ぶということです。

ここでも選ぶことができるんです。誰かが悪いことをやっていても自分だけは悪いことをしない、ということもできる。誰も良いことをしていなくても自分だけは良いことをする、こともできる。

　要するに、主体的に行動するということです。自分は正しいと思うことをするし、最後までそれを貫くのです。さらに、その環境を変える方法があります。

　ひとつ目、それは、**主体的に行動する仲間を増やす**ことです。一人では何もできないかもしれないけど、仲間を増やせばできることがあります。

　人間というのは、基本的には正しい行動をとりたいと心の底では思っています。なぜなら、そちらの方が気持ちいいからです。主体的に行動している仲間を見つけ、力を合わせるのです。

　そして、さらにその状況を変えたいのであれば、ふたつ目、**和を乱している人と友だちになる**のです。そんなの無理だよと思った人もいるかもしれません。しかし、それこそが思い込みです。

　あなたがその人と仲良くなれば、その人はあなたの言うことを聞いてくれるかもしれません。いや、あなたの言うことなら聞いてくれるのです。そうやって悪い行動や習慣がある場所を、主体的な行動に変えていくことができるのです。

1. 主体的に行動する仲間を増やす
2. 和を乱している人と友だちになる

　ここでは、3つのことを学びましたね。刺激と反応の間にスペースを空ける。それから、自分がコントロールできることに集中する。

　そして、悪い行動や悪い習慣がある中で、自分が主体的になる。流れを変える人になることができる。これが第1の習慣。

　第1の習慣は、「7つの習慣」の出発点でもあります。これが、できるようになってくると、2、3、4、5、6っていうのは、けっこう簡単にとは言わないけれど、うまく身につけていくことができます。

　ただし、この第1の習慣で留まっていて、人のせいにばっかりにしていると、実はその先にはなかなか行くことができません。ですので、ぜひ今までの自分を振り返ってみて、人のせいにすることが多かったなとか、できないことにけっこうイライラしていたなっていうことがある人は、少し考えを改めて、これからの生活に役立ててください。

「第１の習慣」を学んだ人の感想をひとつ紹介します。

「改めて思い直した。できることとできないこととわかって、どうやって扱えばいいかがわからなくて見て見ぬ振りをしていた。またひとつ勉強になった。いつも自分は反応的とわかって、ばかばかしくなった。この授業で相手のことを前より大切に思い直せ、今度から主体的にするよう努力して頑張ろうという決心がついた。色々な人の意見を聞いて、あーとかなるほど、あーあるあるという返しが多かったです。野球の人のコメントに感動しました。影響の輪にたくさん入るように、いいのを選び、生活の中に多くの影響の輪を広げたいです」

　なぜこの感想文を紹介したかわかりますか？
　それは、第１の習慣の授業で学んだことが、今の自分にとってどうだったのかということを書いてあったからです。それを書くことで自分のためにもなる。
「何々がわかった」ということではなくて、自分は、これがわかったことで、今までこうだったんだけど、これからはこんなふうにできるかもしれないなど、自分で考えてほしいからです。

ここまでの授業を受けた子どもたちの感想

　ここまでの授業、僕にとっては驚きの連続だった！　まるで僕のことを言われているんじゃないかなって思うくらい、思い当たるところがいっぱいあって、本当にびっくりしちゃったんだ。今まで人のせいにばかりしていたんだけど、自分が主体的に変わることでしか影響は与えられなかったんだね。

　それに僕はすぐカッとなるから、そういう場合は「一時停止ボタン」を押せばいいってこともすごく勉強になったよ。この「一時停止ボタン」で、すぐに文句を言い返しちゃう僕の癖、少しずつでも直せるように頑張ってみるね。

第2の習慣
『ゴールを決めてから始める。
何が大切かを考える。』

　これから学習する習慣は、「第2の習慣　ゴールを決めてから始める。何が大切かを考える。」です。もう一度書きます。「第2の習慣　ゴールをきめてから始める。何が大切かを考える。」

　計画というのは、夢や目標という意味もあります。さて、では、どんな習慣なんでしょうか。

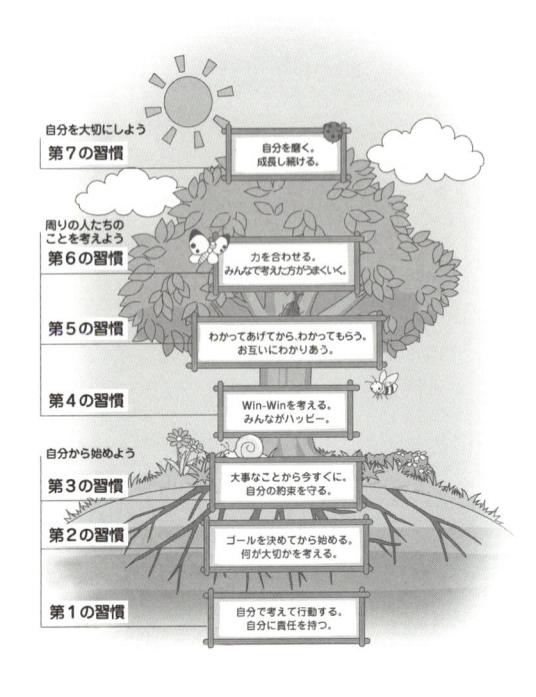

　まず迷路にチャレンジしてみよう。鉛筆をスタートのところに持っていって、とにかく早くやってね。よーい始め！

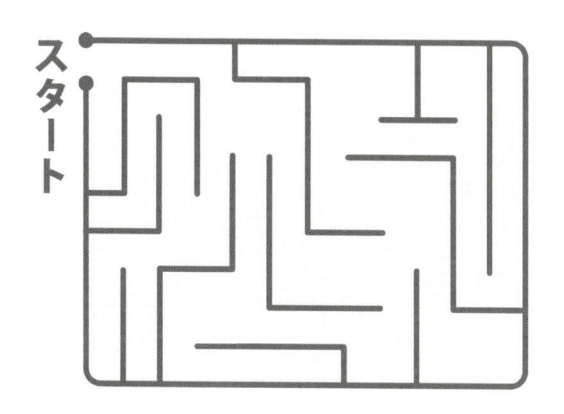

はいストップ時間切れです。

　次の問題です。おかしいと思うものにチェックを入れましょう。

□ 家の設計図を見ずに家を建て始める

□ プラモデルの説明図を見ずに作り始める

□ 洋服の寸法を測らないで縫い始める

□ レシピを確認せずに料理を作り始める

迷路は普通に進むことができましたか？　何かおかしくないですか？　次のチェックの問題、全部変ですよね。では、なぜおかしいのかその理由を下に書いてください。自分の考えを書いてみてください。

　さあ、これは普通では考えられないことなんですけど、ここから自分の生活に置き換えて考えてみてください。

　みなさんの普段の生活はどうですか？　大丈夫ですよね？
「いや、こんなバカなことするわけないじゃないですか。大丈夫ですよ」と思いますか？　それとも、「たまにこういうことをやっているかもしれない」と思いますか？

　実際に、こういうことが本当に自分たちの生活の中で行われているかどうかを確認してみましょう。

　普通に考えれば、家を建てるときには設計図が、料理を作るときにはレシピが必要です。設計図やレシピがないまま行動に移すのはおかしいということになります。しかし、これを私たちの生活に置き換えて考えてみましょう。

　私たちは普段から、設計図やレシピを考えながら生活しているでしょうか?

　実は、ほとんどの人が考えずに生活をしているのです。
「え?　そんなばかな」と思ったあなたは、毎日どんな生活を送りたいかを考えて生活していますか?

　それから、どんな人になりたいか。将来どんな大人になり、どん

な仕事に就きたいか、などなど。普段からいつも考えていましたか？

　さあ、どうでしょうか。ほとんどの人は、いつも考えていないはずです。だとしたら、迷路の演習でおかしいと認めたことと同じことを、私たちは、自分の生活でやっていることになります。

　それでは、生活がゴールのない迷路になってしまいます。だからこそ設計図やレシピを考えながら生活していくことが、大事になるのです。

　第１の習慣で、自分の人生に責任を持つことを学びました。その後に続くのが、人生の目的やゴールをどこにするかを考える。この習慣こそが、**「第２の習慣　ゴールを決めてから始める。何が大切かを考える。」**という習慣なのです。

　今の時点で考えられる、自分のゴールや目的を考えてみましょう。自分の生活のゴールを考えるということは、次の質問について考えるということになります。今から、書けるところからどんどん書いていきましょう。では、いきますよ。

1. どんな人生を送りたいですか?

2. 憧れている人はいますか？

3. どんな人になりたいですか？

4. どんなことをしているときが、1番楽しいですか

5. どんなことが好きですか？

6. どんなことが得意ですか?

7. 将来どんな仕事に就きたいですか?

8. 今の時点で、何か夢や目標はありますか?

9. 何か大切にしていることはありますか?

どんどん書いてください。書けないところは飛ばしていきましょう。

1〜9まで考えて書いてもらいましたけど、なかなか、鉛筆が進まないところもあったと思います。

なぜ書けないのかわかりますか？　頭が悪いから？　違いますよね。

それは、考えたことがないから、あるいは書いたことがないからなんです。

安心してください。大人でも書けない人はたくさんいるんです。普段考えていないからです。

要するに、普段ゴールを考えていないから、いざ書いてくださいと言われたときに書けないわけです。だから、今あなたが書けなくても大丈夫。

「改めて考えてみたら、自分のことがよくわからない」と思った人もいるかもしれませんね。それはそうですよね。普段考えていないんですから。

だから、こういう学習をきっかけに考えてほしいわけです。自分について。自分はどこに行こうとしているのか。

未来のことだからわからない

と思うかもしれない。先のことだからもちろん予測なんかできません。でも、未来を作ることはできる。自分たちでこうしたいんだって思って、それに近づくように、作っていくことはできるんです。

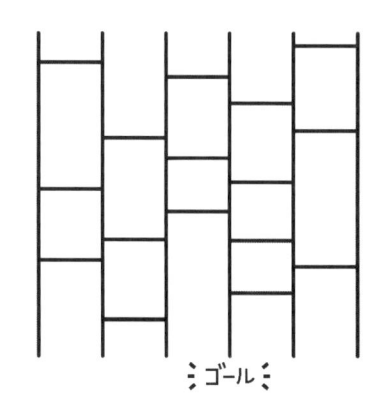

ゴール

　だから、ゴールをイメージすることは、すごく大事なんです。

　あみだくじを知っていますか?

　あみだくじでゴールにたどりつく、もっともいい方法を知っていますか?

　ゴールからやればいいですよね。

　自分でゴールを作って、ゴールを決めて、ゴールから反対に行けば、絶対正解の場所に辿り着きます。

　これが第2の習慣です。ゴールをきちんと定めて、そこから逆算して、今日はここだとわかる。ゴールだとわかったから、ここから歩いてきましょうとゴールに辿り着いた。これが、第2の習慣です。

ミッション・ステートメント

　トレーニング9で書いたものは、ミッション・ステートメントのもとになるものです。

　ミッション・ステートメントとは、英語ですけど、自分の人生の設計図というものです。どんな自分になりたいか、どういう仕事に就きたいか、基本的な内容に取り組んでもらいました。

　スラスラと書けましたか？　難しかったですよね。人生の設計図など、ほとんどの人が考えていません。深く考えていなくても、いつも考えていなくても、生きていけるからです。君はどうでしたか？

　これまで生きてきて、設計図がなくて困りましたか？　生きてこられたでしょ？　これからもそうです。これからも、設計図がなくても生きていけます。

　でも、設計図があった方が、より良い人生になると思いませんか？　こんなふうになりたいなと思って決めて、それから未来をこんなふうにしたいなと思って生きるのと、ただ適当に生きるのでは違うと思いませんか？

　ミッション・ステートメントが私たちに必要な理由は、大きく2つあります。

ひとつ目、**道順がわからないため、辿（たど）り着いたとき違った場所だと気づいた時すでに遅し。後悔（こうかい）する**、ということです。

こういうエピソードがあるんです。ある若い人が、「俺はお金持ちになりたい」と言って、家族や友だちも無視して、がむしゃらに働いてお金持ちになったんです。「ヤッター、お金持ちになった！」

そしたら、家族が離れていってしまったんです。その瞬間、彼ははたと気がついた。「あっ、俺にとって一番大切なのは家族だった！」

そう、この人はお金持ちになることが目的になってしまったんです。だから、間違ったハシゴを登っていって、登ってみてはじめて「違っていた」と気がついたんです。

だから君たちも設計図がないと、そういう間違った場所に着いてしまうことがあるんです。

それからもうひとつ、**自分の中に軸がないため、親や友だちや先生の言いなりになってしまう。**

自分の考えで人生が動くのではなく、自分以外の人の考えで人生が作られてしまいます。どうするか悩んだときに、自分の軸というものがないから、「んーどうしようかな、でも誰々ちゃんが言ってるからどうしようかな、嫌われたくないしな、いいや、言うこと聞いちゃえ」ってね！

そこにはもう自分の考えなんかないわけです。そうすると、人の考

えで常に動く人生になってしまいます。怖いと思いませんか？　「操り人形」のようですね。

　その通り。自分の人生が、操り人形のようになってもいいですか？

　いやだとしたら、真剣に自分の人生について考えることです。自分のミッション・ステートメントをつくり上げることです。

　でもいきなり、ミッション・ステートメントを書こうとしても、ちょっと難しいかもしれません。大人の人も難しい。実は先生も、最初これに取り組んだときにはすごく大変でした。次のトレーニングで、自分の人生の設計図を作る練習をしてみましょう。

1. 辿り着いたときに間違っていたことがわかる
2. 他の人の言いなりになってしまう

　あなたが叶えたい夢をたくさん書いてみましょう。95 ページに「夢を叶える 100 のリスト」というのがあります。

　ここには、やりたいこと、達成したいこと、叶えたいこと、何でもいいです。とにかく自分がこれを叶えたいというものをどんどん書いてください。

「焼き肉を腹いっぱい食べたい！」、そんなことでも OK。「こんなものがほしい！」、そういうのも OK。とにかく、数多く書くこと。

　ものすごくでっかい夢でも、小さなことでもかまいません。遠慮<ruby>遠慮<rt>えんりょ</rt></ruby>することはありません。とにかく数多く書くことです。

　また、書くときは、ワクワクしながら書くというのがポイントです。「これ叶っちゃうよ、どうしよ〜」「これ、すごいよ、叶ったら」こんな感じ。ワクワクしながら書いてください。これポイントなんです。「Ｊリーグの選手になりたい」「県大会で優勝したい」「ケーキをお腹いっぱい食べたい」なんでもいいです。ワクワクしながら書いてください。

　こんなの無理に決まってる、できないからやめておこうなんて思う必要ない。そういう後ろ向きな考えはあまり良くないですよ。

　それからもうひとつ、次のことを必ず書いてください。ちょっと努

力すればとか、ちょっと時間かければ、わりとすぐに達成できそう
だというものを、ひとつだけ必ず書いてください。2〜3日とか1週
間とか、それくらいだったら大丈夫そうだなっていうものをひとつ書
いてください。

　たとえば、お父さんお母さんにお願いすれば、何とかなりそうだ
というものでもいいです。誰か協力してもらえればかないそうだとか。
ちょっと努力すればかなうかもなっていうものを、ひとつかふたつ書
いてください。

夢を叶える100のリスト

1.
2.
3.
4.
5.
6.
7.
8.
9.
10.
11.
12.
13.
14.
15.
16.
17.
18.
19.
20.

あなたはいくつ書けたでしょうか。思ったより、書けなかったのではないでしょうか。

　人は、普段、考えていないことは、表現できないのです。

　ただし、間違えないでください。たくさん書けなかったことは、いけないことでもなんでもないのです。

　大切なのは、こうして、まず書くこと。そして、書くために考えることなのです。

　考えて、そして、書く。そうすることで、自分の中に眠っている「やりたいこと」「叶えたいこと」「達成させたいこと」などを頭の中から引っ張り出すのです。

　まずは、１００考えて書いてみましょう。では、次に、１００のリストを書いたらどうするか。

　もちろん、１００個のことを一気に達成することは無理なので、ひとつだけ書いたすぐに達成できそうなもの、あるいは、書いたものの中で比較的簡単にできそうだと思うものをひとつ選び、丸をつけてください。

　次に、それをいつやるかを決めてください。決めたらあとは実行するだけです。実行できたら、赤の横線を引いて消していきます。この消すという作業がまたいいのです。考える、書く、いつやるか決める、実行する、終わったら赤線で消す。このくり返しを習慣にしてください。

1週間以内に、丸をつけたものを叶えてください。

　もちろん1週間だと厳しいというものもあるかもしれません。でも、「これに丸したんだけど、この1週間でこれだけはやってきました。これを達成させるために、こんな努力をしてきました」って言えるようにしておいてください。

　自分が何をしたいのか、何をするのか、常に考えて生活をしましょう。常に夢や目標を意識して、行動する。この習慣を身につけてほしいのです。

　自分でこうだと思うゴールを決めて、毎日、「よし、そのために、じゃあ今日は何をしようかな」と考えて行動する。くり返しが、ものすごく大事になってきます。まずは手始めに「夢を叶える100のリスト」の中からひとつのことを、来週までに必ずひとつ、達成してください。もしくは、何らかの行動を起こしてきてください。

ここまでの授業を受けた子どもたちの感想

「夢を叶える100のリスト」、すごく悩んじゃったけど面白かった。僕はやりたいことたくさんあるんだ！　面白いことたくさん見つかったから、お父さん、お母さんに見せるのが楽しみだよ。お父さん、お母さんのリストも見てみたいな。書いたらぜったいに見せてよね！

リストを書いてみて、僕が今まで失敗が多かったのは、終わりを考えてから始めていなかったからなんだってことがわかったよ。そんなこと考えずに、なんでも始めていたもんな。これからは、少しでもゴールを意識して始めてみようかな。

それと、「ミッション・ステートメント」って言葉は難しいけど、自分との約束でとっても大事なものなんだね。自分のミッション・ステートメントを持つことはもちろん大事だし、家族のミッション・ステートメントを作るっていうのもいいよね。お父さん、お母さん、これから一緒につくってみようよ！

第3の習慣
『大事なことから今すぐに。自分の約束を守る。』

　これから学習する習慣は、第3の習慣になります。声にだして読んでみよう。

「第3の習慣　大事なことから今すぐに。自分の約束を守る。」

　下の「7つの習慣」の木を見てください。もうすぐ地上に出てくるところです。まだ、根っこのところですね。今日はこの第3の習慣について学んでいきます。

下に書いてあるものは、あなたが1日に行う仕事や活動です。もちろん、みなさんにとって当てはまらないものがあるかもしれません。やりたいこととやらなければならない大事なことを、分けてください。

テレビを見る　　宿題をする　　読書をする　　友だちと遊ぶ
ゲームをする　塾に行く　縄跳び（他のものでもよい）の練習をする
お手伝いをする　　習い事に行く　　買い物に行く

＋ やりたいこと（楽しいこと）	▲ やらなければならないこと

縄跳びはあくまでも例なので、たとえばサッカーの練習をするとか、何かの練習をするなどは、自分で縄跳びを変えて記入してもＯＫです。

　まずは当てはまるものを、やりたいことと、やらなければいけない大事なこと、どちらかに入れてみてください。

　人によっては、同じ言葉でも感じ方がちょっと違うかもしれません。たとえば、「塾に行く」というのも、お家の人から言われて嫌々行っているのは「やらなければならない大事なこと」に入るかもしれないし、自分からやりたくて行っている場合は、やりたいことに入れても大丈夫。

　ここに書いてないことでも、みんなの日常生活の中で色々な活動があるはずだから、その内容を書いてもいいですよ。

　この問題は、答え合わせがあるわけでもありません。もちろん共通してやるべき事はあるんだけど、それぞれの人によって違います。

　ここではまず、毎日の生活の中で行っている活動を、「やるべき大事なこと」と「やりたいこと」に分けてもらいました。

　では、次の問題にいきます。やらなければならないこと、右側に入ったことの中で、後回しにしてしまったこと。やるべきことなのに、後回しにしてしまったこと、そういう経験はありますか？

経験がある人は「後回しにしてしまったことがある」に丸をつけて、そのときのエピソードを書いてください。後回しにしたので、おそらく、その後大変なことが待っていたと思います。そのときの何か面白いエピソードがあれば書いてください。

　お家の人の顔が鬼に見えたとか。ものすごく叱られたとか。何かすごく大変なことになったとか、色々あると思います。その時のエピソード書いてください。

　もしエピソードを思い浮かばないときは、どういうことを後回しにしてしまうかということを書いてもいいです。

　☐ 後回しにしてしまったことがある
　☐ 後回しにしてしまったことはない

　そのときのエピソード

後回しにすることってあるよね？　子どもたちだけでなく大人でも後回しすることはありますからね。

　では、なぜ後回しにしちゃったんでしょう？

　ちなみに、先生が他の子どもたちに聞いたときは、次のような意見が出てきたよ。

「ゲームが、ちょうどいいとこだったから」

「遊ぶ方が楽しいから」

「もう、宿題なんかやりたくない」

「やるのがめんどくさい」

「アイドルの DVD を見ていたら夢中になった」

「宿題をする時間を遊びの時間に使った方が楽しい」

「どうせ後でやるからいい」

　みなさんの意見はもっともです。大人も、だいたいそういう理由で、後回しにしちゃうんですよ。

　みなさんはこれまで、やらなければいけないのに後回しにしたり、どうでもいいことに時間を使っていたとしたら、人生、かなり無駄にしています。

　時間は1日24時間と限られていますので、その限られた中で何をするかで、人生は変わってきます。

　そこで、日々やりたいこととやるべきことを整理してもらいました。やりたいことだけをやっていればいいのかというと、そうではなく、ときには気が進まないけれども、やるべきことはやらなければならないという時もあります。

　大人もそうですが、自分のやりたいことだけを優先していたら、この社会は成り立たなくなってしまいます。だから、時間を上手に使い、「やるべきこと」と「やりたいこと」をはっきりさせ、大事なことから行動する。時間を上手に使い、「やりたいこと」ができる時間をつくり出すことが大切です。

これこそが、「**第3の習慣　大事なことから今すぐに。自分の約束を守る。**」という習慣なのです。

　みなさんは、日頃から大事なことから始めているでしょうか。「やるべきこと」「やりたいこと」をバランスよくやっているでしょうか。

　もう一度声に出して読んでみよう。「第3の習慣　大事なことから今すぐに。自分の約束を守る。」、これリズム感いいですよね。「大事なことから今すぐに。自分の約束を守る。」もう、見なくても言えるでしょ？

　次は、今どのように時間を使っているかを、把握してみたいと思います。

　次のページの表に、自分の平日の生活を記入してみましょう。たとえば6時に起きている人は、6時の横に「起きる」と書きましょう。起きている時間のところに「起きる」と書いてください。

　次、朝ご飯の時間と書いてください。そして、学校に登校した時刻を書いてください。8時くらいに門に入っている人は、8時のところに「学校」って書く。「学校」と書いたら、「学校」のところから16時の辺りまで矢印を引っ張ってください。

　次、夕食の時間に、「夕食」と入れてください。時間がまちまちのときは、だいたいこの時間が多いというところに入れておいてくださ

- 6:00
- 7:00
- 8:00
- 9:00
- 10:00
- 11:00
- 12:00
- 13:00
- 14:00
- 15:00
- 16:00
- 17:00
- 18:00
- 19:00
- 20:00
- 21:00
- 22:00
- 23:00

い。そして、おやすみの時間を書いてください。

次に、この 16 時（4 時）から寝るまでの間について考えてみます。

多分いろんな活動があると思います。そこが主に、自分の時間になります。普段自分が過ごしている1日を書いてみよう。

たとえば、宿題をやる時間とか、遊びに行っている時間とか、クラブ活動や塾に行っている人は、その時間を書いてください。それからテレビを見ている時間とか。もちろん曜日によって違うと思うけど、だいたいこういうパターンが多いという項目を、その時間の中に書き込んでください。そして、その活動に何時間ぐらいかかっているかも矢印を引いて書いてください。

いかがですか？

「うわー、俺パンパン。余裕なーい」などと思わなかったですか？

　そうなんです。学校の時間、寝る時間、ご飯の時間を除くと、自分にとって自由になる時間って、意外と少ないと思いませんか？　そこに、気がついてほしかったんです。

　ここで質問です。「1日は何時間ですか？」

　24 時間ですよね？

　誰もが、1日24 時間という時間を与えられて、自分で使うことができます。では、さらに、みなさんが使える時間はどれくらいありますか？　仮に21時に寝て、朝の6時に起きたとしたら、睡眠時間は9時間です。24−9で、15時間。学校にいる時間は、8時から16時とすると8時間。残りは、15−8＝7時間。朝の食事、夜の食事に仮に1時間ずつ使うと7−2＝5時間。

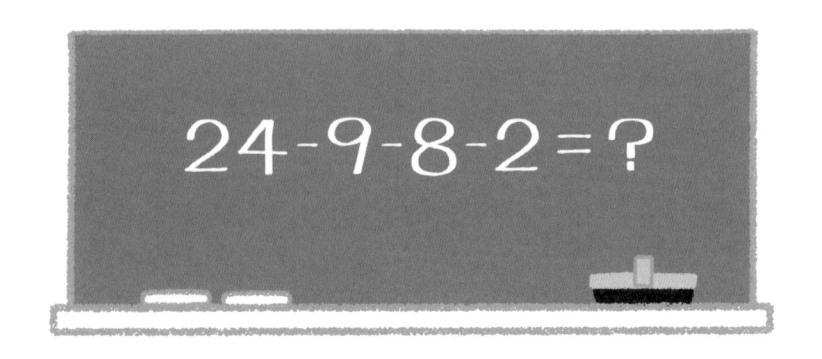

実は、みなさんが1日のうち自由に使える時間というのは、約5時間なのです。その5時間の使い方でみなさんの人生は変わってきます。

　みなさんはこの5時間をどのように使っていますか？

　さて、私たちは、なぜ、時間の使い方について考えなければならないか。答えは簡単です。それは、時間とは「命」だからです。時間そのものが私たちの命そのものなのです。だから、いい加減に時間を過ごしているということは、自分の命をいい加減に扱っているのと同じことなのです。

　1日の時間の使い方を見て、何がわかったでしょうか。まず、意外と使える時間が少ないということです。

　では、少ない時間の中で「やるべき大事なこと」と「やりたいこと」のバランスをとり、大事なことが後回しにならないためにどうすればいいのか、次のトレーニングに取り組んでみましょう。

ここが一番大事ですよ。このトレーニングで覚えたことを習慣にしてもらいたいと思っています。

今日、あなたが帰ってから寝るまでに、「やるべきこと」と「やりたいこと」がいくつかあります。それは宿題かもしれませんし、お手伝いかもしれません。また、ゲームもやりたい、テレビも見たいなど、やりたいこともたくさんです。そこで、まずは、「やるべきこと」「やりたいこと」を全て書き出しましょう。

- [ ]
- [ ]
- [ ]
- [ ]
- [ ]
- [ ]
- [ ]
- [ ]

最初はやるべき大事なことを書いてください。これは絶対今日やらなければいけないこと。たとえば、宿題をする。それから、お手伝いをすることかもしれません。もし家で、絶対に決まっているお手伝いがあったら、お手伝いをすると書きます。そのときに、「□」の右にひと文字分あけてください。

　それが書き終わった人は、「今日絶対これはやりたいな〜」「やらなくてもいいんだけど、やりたいな」と思っていることを書きだしてみてください。まずやるべきことですよ。絶対にやらなければいけないことを先に書いてください。

　自分が帰ったら何をするのか、何をするべきかということを、よく考えて書いてください。自分で想像しながら、寝るまでの間やるべきことを書いてください。

　書き終わったら、やりたいことを書き始める。たとえばやりたいことの中には、こないだ書いた「夢を叶える100のリスト」の何かを入れてもいいですよ。

　次にやることを説明します。今、「□」の横の部分、１マス開いていますよね。ここに番号を入れていきます。

　たとえば宿題をする、お手伝いをするって書いたとします。家に帰って、まずお手伝いをしなきゃならないって人は、お手伝いのところに「1」。それが終わったら宿題できるなと思ったら「2」というふ

うに、みなさんがやる順番をやるべきことから1、2、3というように入れていきます。

やるべきところに数字が入れられたら、今度はやりたいことのリストを見て、これの方が先だなと思ったら、3とか4とか数字を入れてみてください。それから、いつも決まっている、「おふろに入る」とか「寝る」などは番号を入れなくていいよ。

番号を書けた人は、だいたいこれ何時ぐらいにできるか、時間も横に書いておくといいね。何時にやれそうだなっていう時刻です。

今の記入が終わったらやってほしいことがあります。今たとえば「（例）□1 宿題をする」って書いたとします。で、終わったらこうしてチェック入れるんですよ。（✓）

チェック入れるだけでもいいんだけど、さらにビーって赤線で引いてみよう。練習してみよう。はい、赤鉛筆持って、□にチェック入れてください。ついでに、「宿題をする　15：50〜」という文字の上に線を引いて、ばーっと消してごらん。

✓ 1　宿題をする　15：30〜

✓ 2　お手伝いをする　16：30〜

次、チェック2「お手伝いをする」はい、赤線でビーって引く。み
なさん、気持ちよくないですか？　このチェックして引くっていうの。

　このときに、私たちの脳の中で、気持ちの良くなるホルモンが出
ているんだそうです。そうすると、あっ終わった！　チェック。終わっ
た！　チェック。なんか気持ちいい！

　そうすると次に、こういうことをやらなきゃいけないっていう気持
ちになるんだそうです。だから今日か明日、どんな紙でもいいです、
真っ白な紙に、今日やるべき事とやりたいことを書き出して、終わっ
たら消していくってことを実際にやってほしいんです。

　トレーニング12では、計画を立て、行動し、できたかできない
かをチェックするという方法を学んでもらいました。「やるべきこと」
と「やりたいこと」のバランスをとるために、まずは、書き出すこと
を行いました。

　そして、「やるべきこと」を上手に計画し、時間に余裕があるなら、
「やりたいこと」を計画に入れていきます。そのときに、行動する順
番を決めることを「優先順位を決める」と言います。

　生活していく中で、この「優先順位」という考え方は、どんなとき
にも応用できる考え方なので、しっかりと覚えておきましょう。

　第1の習慣で、自分の人生に責任を持つということを学びました。

ひと言で言えば、人のせいにしない、ということです。第２の習慣では、常に私たちの行き先、ゴールを意識することを学びました。夢や目標を常に持つことも人生を豊かにすることになります。そして、第３の習慣では、ゴールに向けて、「やるべきこと」「やりたいこと」をはっきりさせ、大事なことから今すぐに行動することを学びました。

　世の中で、「できる人」というのは、この優先順位の考え方をしっかりと身につけています。**主体的に行動し、ゴールを意識し、大事なことから行動にうつす。**これまでの３つの習慣を1行で表すとこのような文になります。

　ここまでが自分で身につける習慣です。次の習慣からは、人との習慣になります。ですが、今日まで学んだところっていうのは、自分が努力をして身につける習慣です。

　この前に取り組んでもらった「**夢を叶える100のリスト**」のどれかを実現してください。それが、第３の習慣です。

　自分が大事だなと思うことを、行動に移してやり遂げてください。今日か明日、やるべきこと、やりたいことを書き出して、線で引いて、あっ終わったと実感してください。そうすると、みんなの生活もがらっと変わってくると思いますよ。

　ちなみに、やりたいことっていうのは、やるべきことと違って、今日やらなくても大丈夫なことです。やるべきことだけ消せれば、あと

の時間というのは自由に使えます。やるべきことを終わったあとなら、やりたいことを存分にやってください。ただし、ゲームなどは、夢中になってしまうのでやりすぎないように。やりたいことも全部やらなきゃいけないってことはないですからね。

　昔の話ですが、ある人がある会社の社長さんにこの考え方を教えたそうです。そしたら、その社長さんはすごく仕事がはかどって、その教えてくれた人にたくさんのお金を払ったそうです。

　それくらい、素晴らしい考え方です。この優先順位の考え方を身につけるために、これから毎日やるべきこと、やりたいことを書き出して消すっていう、そういう習慣を身につけてほしいと思います。

ここまでの授業を受けた子どもたちの感想

　やるべきことを後回し、やりたいことに飛びついちゃう。ほんと、これも僕のこと言ってるのかな。やらなきゃいけないってわかってるんだけど、ついついやりたいことから始めちゃうんだよね。それで毎日、お父さん、お母さんにも叱られちゃうんだよね。「やることを先にやりなさい！」って。

　でも、「大事なことから今すぐに」を勉強した今、やっとそれがわかったよ。まずは、やるべき大事なことをはっきりさせることがとっても大切なんだね。これからは、やることをちゃんと終わらせてから、マンガに、ゲームに、好きなことしようっと。

『第4の習慣からの土台になる信頼貯金』

　これから学習する内容は、**「第４の習慣からの土台になる信頼貯金」**です。

　この木の絵でいうと、第３の習慣と第４の習慣の間にあると思ってください。これから第４の習慣、第５の習慣、第６の習慣というのは、人との習慣になりますが、その土台になる考え方です。

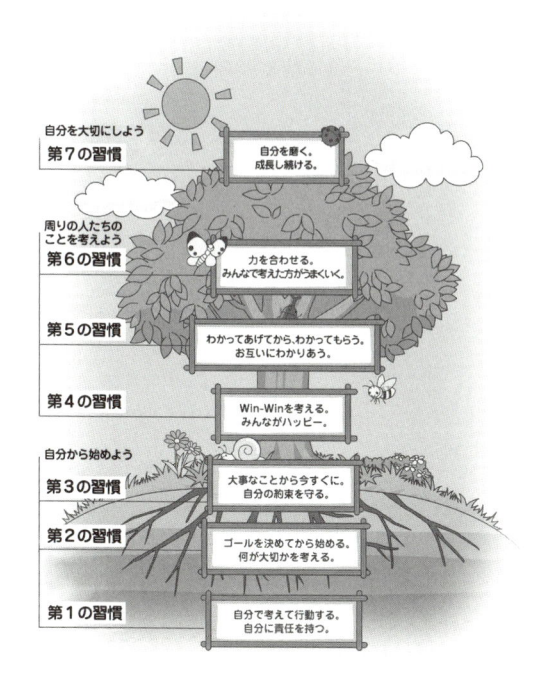

次に書いてある、ある日の出来事について考えてください。

設定は、M小学校3年2組 担任 男性、26歳 生徒数36人。こういう学級であった出来事です。

小学校3年生の明奈ちゃんが泣きながら担任の先生のところに行きました。担任の先生が「どうしたの?」とたずねると、女の子は次のように言いました。「今日、宿題を忘れてきてしまいました」

担任の先生が、「わかりました。宿題はやってあるんだよね」とたずねると、女の子は、泣きながらうなずきました。「よし、じゃあ、明日、忘れずに持ってきなさい。朝の運動に行こう!」と担任の先生は声をかけ、一緒に外へ出て行きました。

朝の運動が終わり、教室へ入ると、朝の会です。朝の会が始まろうとしているときに、りょう君が前に出てきて担任の先生にこう言いました。「今日、宿題を忘れてきてしまいました。明日、持ってきます」と。
　すると、担任の先生は「だめです。今日中にやってから帰りなさい」と言いました。

　さて、ここで考えてください。2人は同じ忘れ物をしているのに、明奈ちゃんは次の日に、りょう君はその日のうちに提出と、違うことを担任の先生は言っています。おかしいと思いますか？　おかしくないなら、なぜ、この担任の先生は違うことを言ったのでしょうか。
　その理由を書いてみてください。

私たちは、目に見えないけれども、人と人との関係を表す貯金通帳を持っています。たとえば、明奈ちゃん。日頃から宿題はこつこつやるし、忘れ物などほとんどしたことがありません」　ほとんどというか、まったくしたことないんです。「勉強も掃除も学校生活はいたってまじめに取り組んでいます。そして、それが目に見えないお金になって、相手に貯金されることになります。

　すると、相手は、「明奈ちゃんはいつもまじめに取り組んでいて感心、感心」という気持ちになります。

　たまに忘れ物をしたとしても、「きちんとやってあるんでしょ」と、確かめもしないのに、相手を信頼できるわけです。

　しかし、りょう君のように、普段から宿題はやってこない、掃除はまじめにやらないなど、いい加減な生活をしていると、目に見えないお金が相手の貯金から引き出されることになります。すると、相手の気持ちとしては「またか…」「どうせやってないんだろう」となるわけです。とても信頼できないわけです。

　ここでもう一度考えてみましょう。先生はなぜ、りょう君と明奈さんとで違うことを言ったのでしょうか、その理由を書いてみてください。

今、自分で自分のことかなって思ったりしませんか？（笑）

　しかも、やっかいなのは、さらに「もしかしたら、他にも悪いことしてんじゃないの」とか「いつもいい加減だからね。違うことでもいい加減なんじゃないの」などと、やってもいないことまでそう思われてしまう危険性もあるのです。こうなってしまうと大変なことですよね。

　このように、自分と相手との間にある貯金通帳のことを**「信頼貯金」**と言います。

　この信頼貯金、人との習慣を築いていく上で、土台となる考え方です。まずは、これまでの自分を振り返ってみましょう。自分は預け入れをしてきたのか、引き出しをしてきたのか、じっくり時間をとって考えてみましょう。

下に表があります。まず、いいことをしていくって事を**「預け入れ」**と言います。逆に、悪いことをしてしまい、信頼できない状態になってしまうことを、**「引き出し」**と言います。貯金がなくなってしまうということだね。下の表に、自分のしてきた行動が預け入れだったのか引き出しだったのか、そして信頼貯金は増えているのかどうかを考えてみましょう。

　左に日付、右側には、それによって信頼貯金がどのように変化したか書いてみよう。

/	預け入れ	引き出し	信頼貯金

　預け入れ、引き出しという意味がわかったところで、次のトレーニングです。これまでに、誰にどんな預け入れ、引き出しをしてきたかを考えてみましょう。

　最初に家族の中の誰か一人名前を入れてください。お父さんでもいい、お母さんでもいい、それからきょうだいでもいい。誰かの名前を書いてください。

　そして、最近、その人にいいことしたと思ったら、預け入れのところに、「お手伝いをした」「新聞を取ってきてあげた」何でもいいです。何かいいことをしたと思ったことがあったら書いてください。

　していない？　逆に、あれは引き出しかと思えること、ケンカをしてしまったなど、ちょっと良くないことだったら引き出しの方に書いてください。

それが書けたら、別の人物を書いて、その人に対して預け入れをしたのか引き出しをしたのか、書いてみましょう。

　今、家族の人を書いてもらったけど、今度は友だちなど、どんどん人物を増やしてみてください。ここ最近の数日間を振り返ってみて、何か親切をしてあげたとか、何か貸してあげたっていうのも預け入れになるね。

　それから、自分から先に声を掛けてあげたとか、自分から挨拶をしたとか、そういうのも、預け入れだと思うよ。それから、駅伝を頑張っている選手に、頑張れよって声をかけてあげた。こういうことも預け入れになると思います。

　逆に引き出しというのは、お友だちの悪口を言ったとか、約束の時間に遅れた、こういうのは引き出しになるよね。

誰に	預け入れ	引き出し

誰に	預け入れ	引き出し

　書くことができましたか？　これからは、この信頼貯金という考え方で行動を見てみましょう。今度学校に行ったら、それは預け入れだねとか引き出しだよそれは、というように、お友だちに教えてあげてください。

みなさんが普段接している人で一番長い時間接しているのは家族です。次に学校の先生や友だちです。あなたは、これまでにたくさんの人とかかわって生きてきていますので、その過程でさまざまな預け入れ、引き出しを繰り返してきたのです。

これまでとってきた行動が預け入れだったのか、引き出しだったのか。それを考えること自体が大変だったでしょう。

最初に家族について考えてみました。何もしていないという人はいないでしょうね?

家族だから大丈夫、というのは甘い考えです。特に、家族は一緒にいるので、何もしないと知らないうちにお金が引き出されるのです。

これを、**「信頼貯金の自動引き落とし」**と言います。銀行の預金というのは、家賃とか、水道料金とか、自動的に引き落とされることがあるんですよ。あなたの貯金通帳も、どんどん自動引き落としされることがあるのです。

これは、お互いの話です。たとえばお母さんが、いつもあなたに「ちょっと早くしなさい、早く、早く、早く」と言っているとすると、あなたはきっと心の中で「うるさいなぁ」と感じてしまいますよね。

実は、お母さんが、そうやって子どもたちのことを急かして言い続けると、あなたのお母さんに対する信頼が低くなっていきます。

でもお母さんは、引き出されていることに気付いていない。もちろん、逆もそうです。お互いの信頼貯金が引き落とされていくのです。

　家族だからといって甘えてばかりだと、自動的に引き落とされていく。そうすると、知らず知らずのうちにお金がなくなります。

　何かあったときに、「ほら、またあんたは」などと言われたりするわけですね。自分の信頼貯金が多いのか少ないのかは、次何かあったときに、よくわかります。

「あなたなら大丈夫。絶対にやってあるよね」とか「何かあったの？めずらしいね」などと言われたときは、貯金がたくさんあるという証拠です。

　たとえば、担任の先生が、学校でチャイムが鳴ったときにまだ来ていなかったら、何かあったのかなと思いますよね？

　それは、普段、先生が時間を守っているからです。それは普段から先生が時間を守ることによって、君たちに預け入れをしているんですよ。

　でも、もし先生がいつも遅刻していたらどうでしょう？

　きっと「また遅れるな、いっそのこと1時間来なきゃいいのに」みたいに考えますよね。これは普段から信頼貯金の引き出しをしているからということになります。わかりますよね？

　何かあったときに、「どうせやってないんでしょ」「言い訳をするん

じゃない」「他にも何かやってるんじゃないの」など、ひどい場合は、何もしていないのに疑われるようなことを言われた場合は、貯金が少ないという証拠です。さて、みなさんはどちらでしょうか。

何もしないと「信頼」は自動的に引き落とされる

　あなたには、何かあったときに疑われるような人になってほしくありません。

　次の表の左側に、あなたがこれから関係をよくしたい相手、家族、友だち、先生の名前を書いてみてください。

　次に、その人に日々どんな預け入れができると思うか、ひとつだけでいいので書いてみてください。この相手には、まずこれをやろう、こういう預け入れをしようという活動や行動を書いてください。ひとつでいいです。書けたら次の人に移ってください。

　どんな預け入れをするかは、難しいですよね。でも考えていかないと、人との関係というのはよくならないですからね。

誰に	預け入れ

なかなか進まなくても大丈夫です。よく考えることが大事だからです。

自分がよく関わる人は誰なのか。大事な人は誰なのか。これからその人といい関係を作っていきたいのであれば、信頼貯金という考え方は絶対に外せません。

これが土台になって、次からの習慣に移っていくわけです。

信頼貯金を増やしていくには、さまざまな方法があります。これをしなければならないということはありません。その方法について話をする前に、ひとつだけきちんと押さえておかなければならないことがあります。

それは、自分が預け入れだと思っても、相手が同じようにそれを預け入れと感じるかどうか、考えるかどうかはわからない、ということです。

たとえば、こんな話があります。友だちC子が何かで悩んでいて落ち込んでいる様子を見て、B子は、思い切り明るい話を話題に出し、できる限り、その場を盛り上げました。なんか落ち込んでいるから盛り上げようと思い、楽しく盛り上げました。

ところが、しばらくしてC子が「いい加減にして！　うるさいのよ！」と怒り出しました。C子は、静かに黙って一緒にいてほしいだけだったのです。だから、相手が何を望んでいるのか考えない預け入れは、引き出しになる危険性があります。

相手が何を望んでいるのかなって考えてあげることが大切なんです。それを踏まえた上で、みなさんにおすすめの預け入れを紹介します。

1. 小さな親切をする

　さりげなく、やさしいことを相手にしましょう。やさしくされて嫌な人はいません。あくまでもさりげなく、です。

2. 困っているときに助けてあげる

　困っている時というのは表情や様子でわかるはずです。そんな時、すぐに声をかけてあげるといいですね。たとえば「何か手伝いましょうか?」それから「どうしたの?」と、そんなひと言でもいいよね。

3. 友だちの悪口を言わない。陰でほめる。

　友だちの悪口を陰で言うことは、誰にとっても気持ちのよくないことです。どうせなら、その人のいないところで、ほめてあげられるといいですね。

　陰口を言う人っていますよね。たとえばA子ちゃんがB子ちゃんに、C子ちゃんの悪口を言ったとします。

　これだけでもう完全な引き出しですが、B子ちゃんは、「ああA

子ちゃん、Ｃ子ちゃんが嫌いなんだな。ふんふんふん」と思いますよね。

でも、今度Ａ子ちゃんがＣ子ちゃんといるときは、だいたいこういう人はＢ子ちゃんの悪口も言ってますよ。

悪口言う人って、相手が変われば、そこにいない人の悪口を言っているものです。だから、「そうなんだ、そうなんだ」って一緒になって、Ａ子ちゃん私のこと好きなんだって勘違いしたらだめですよ。こういう人は、必ず違う人の悪口を絶対言っているはずだから。

だから悪口を言っている人には気をつけなければならないし、ましてや自分が人の悪口を言っていないかどうかを気をつけないと、どんどん信頼貯金が

引き出しされて、「あの人っていつも悪口言っているよね」と結果的に信頼されないことになってしまいます。**陰口ではなくて陰褒めをしましょう。**

4. 自分が間違っているときには、素直に謝る

　主体性のある人は、自分が間違っていたときには、間違いを認め、素直に謝れる人です。

　万が一、引き出しをして、相手を怒らせたり、相手を傷つけたりした場合は、まず間違ったことを認めて謝ることです。
「ごめんなさい」この言葉が言える人は、とても立派なのです。よくね、間違えても、明らかにわかっているのに謝らない人っているんです。大人でもいるんです。
　素直に、悪かったなと思ってごめんなさいって謝ることができる人、どんどん成長します。ですから、悪いと自分でわかったなら、素直に謝る。それも、預け入れになります。

ここまでの授業を受けた子どもたちの感想

「信頼貯金」という考え方を勉強して、僕、正直言ってちょっと焦っちゃったよ。お父さん、お母さん、友だちに対しても、今まで信頼を引き出すようなことばっかりしてきたんじゃないかなって、心配になっちゃったんだ。

でもこれを知った今日からは、信頼される男を目指して、コツコツ信頼を貯金していくぞ！　そうすれば、いざというときみんなが助けてくれると思うんだ。

お父さん、お母さんも、いつも「あとでね」って言ってばかりで約束破っていると、信頼の引き出しになっちゃうぞ。そうならないように、お父さん、お母さんにも「信頼貯金」の考え方を身につけてほしいな！

第4の習慣
『Win-Winを考える。みんながハッピー。』

これから学習する習慣は、「**第4の習慣　Win-Winを考える。みんながハッピー。**」です。木の絵を見てみよう。地上に出てきましたね。

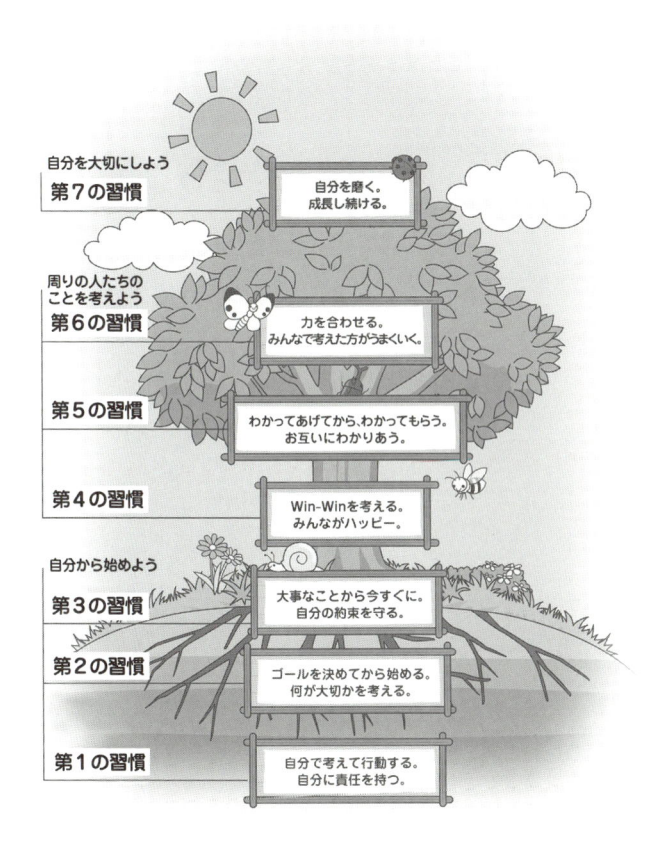

自分を大切にしよう
第7の習慣
自分を磨く。成長し続ける。

周りの人たちのことを考えよう
第6の習慣
力を合わせる。みんなで考えた方がうまくいく。

第5の習慣
わかってあげてから、わかってもらう。お互いにわかりあう。

第4の習慣
Win-Winを考える。みんながハッピー。

自分から始めよう
第3の習慣
大事なことから今すぐに。自分の約束を守る。

第2の習慣
ゴールを決めてから始める。何が大切かを考える。

第1の習慣
自分で考えて行動する。自分に責任を持つ。

次の4つの中から、今の自分に近いものを選び、丸をつけてください。

1. 常に、自分が勝たないと気がすまないタイプです。きょうだいがいても、同じではないと嫌だし、何か勝負ごとになれば、勝つことしか考えていません。それには、相手が多少泣こうがわめこうが、絶対にゆずらない強い気持ちが必要です。また、いじめられたら絶対にやり返します。黙っているなんて、信じられません。常に私は正しいのです。

2. あまり勇気がないので、だいたいのことは相手にゆずっています。その方が争わなくてすむし、平和でいられるからです。勝負ごとにおいても、相手が勝とうとしているところを見ると、なんだかテンションが下がってしまい、「どうぞ勝って」と思ってしまい、だいたい負けて終わります。とにかく、人と争うのが嫌いだし、そんなに勝負になんかこだわらなくても生きていけますよ。

3. 頭に来たら、自分が犠牲になってでも、相手を倒したいと思います。だって、相手が悪いんですから。自分が多少、嫌な気持ちになっても、相手が傷つくなら平気です。それくらい、簡単に我慢できます。自分が失敗した時も相手も同じように失敗してほしいと思ってしまう自分がいます。お互いが同じ状態であれば、平等ですからね。

4. 人と人とがかかわれば、お互い意見も違うのだから、あまりこだわらずに、いいものはいいと決めていけばいいのではありませんか。もちろん、自分の意見もしっかり主張しますが、相手の意見も理解できるまで聞きますよ。そうしなければ、よりよい方向へは行きませんからね。自分も相手も気持ちよく生活できることが一番です。

少しヒントをあげましょう。自分はそのことがいいと思っているのか、ちょっとまずいなって思うのか、どっちなのかを考えてください。

それから、自分では嫌だと思っているんだけど、どうしてもそういう自分が出てしまうなど、自分の特徴を振り返ってみましょう。

1は、いつも勝たないと気がすまない。それから2は、どちらかというと遠慮しちゃう。3はお互いに傷ついて、相手が傷つくから私もいいんだ。4はお互いがOK、お互いがいい感じ。あなたはどのタイプにもっとも近いですか?

もっとも近いものに丸をつけてください。

これまで自分の習慣について学んできましたが、これからは「人との習慣」について学んでいきます。さて、みなさんは、人と上手につきあうのが得意ですか。それとも苦手な方ですか。

ここで、どちらかにチェック入れておいてください。まず自分がどう思っているのか自覚しましょう。

☐ 人とつきあうのが得意
☐ 人とつきあうのが苦手

どちらにしても、これから人とかかわらないで生きていくことなどできるはずもありません。得意、苦手にかかわらず、それなりにうま

くやっていくことが求められます。

これからどこに行っても人間関係がつきまといます。勉強だけでなく、人とのつきあい方についてもしっかり学んでいくことが大切です。そこで、トレーニング16では、自分のタイプを考えてもらいました。実は、人との関係は、大きく4つに分けることができます。

① 自分が勝って、相手が負ける (Win-Lose)
② 自分が負けて、相手が勝つ (Lose-Win)
③ 自分が負けて、相手も負ける (Lose-Lose)
④ 自分が勝って、相手も勝つ (Win-Win)

さっき丸をつけた番号のところに、もう一回丸をつけてください。1に丸をつけた人は1に丸。3に丸をつけた人は3に丸というような具合です。

この4つの中で、人との関係を築いていく上でもっとも良い考え方はどれでしょうか？

そう、4番ですよね。「自分が勝って、相手も勝つ」です。これは、「自分も幸せ、相手も幸せ」と言い換えることもできます。

勝つというのは、英語でWinといいますが、このWinにはいろんな意味が含まれています。勝つというと、ただ勝負というだけの響きが強いですが、幸せとか達成とか他の意味も含まれています。

自分だけでなく、相手も同じように幸せになる。または、ある目的に向かって、お互いに目指していることが達成できる。これこそが人との習慣の出発点である「第 4 の習慣　Win-Win を考える。みんながハッピー。」なのです。

　ここで、あることをやってもらいたいと思います。これは誰か、家族やお友だちとやってみましょう。

　じゃんけんをします。じゃんけんは得意ですか？

　まず、相手と向かい合います。その後、目の前の人とじゃんけんを 30 秒間していただきます。じゃんけんに勝ったほうだけが、勝った数だけご褒美をもらえるとします。勝った回数を、手でもいいし、指折ってもいいし、メモしてもいいし、必ず数えてください。30 秒だから、できるだけ早くじゃんけんをしていかないと、回数はそれだけ減っていきます。

　では、誰かとやってみてください。

　振り返ってみましょう。「これからじゃんけんするよ、勝ったほうだけに勝った数だけご褒美をあげます」と言いました。となると、目的は何ですか？

　「ご褒美」ですね。1 個でい

いですか？　たくさんほしいですよね？　あなたは何個でしたか？
10個？　15個？

　実は、ある方法を使えば、ほんとはもっともらえるんです。どうす
ればよかったのか、ちょっと考えてみましょう。

　たとえば、交互に出すものを決めておくというのはどうですか？

　お互いに「かわりばんこに、お互いがグーパーグーパーってやらな
い?」と言い、お互いが「ああ、いいね」と協力してじゃんけんした
ら、実はかるく20個以上、しかもお互いがそのご褒美をもらえます。
その方法には、勝つっていう意味だけではなくて、同じ目的を達成
するっていう意味も含まれているんです。

　あなたは、常に自分のことだけでなく、相手のことも考えています
か。自分の主張を通して、相手の意見を切り捨てていないですか。
自分が勝つことばかり考えて、相手を負かすことばかりを考えていま
せんか。

　逆に、自分は負けてもいいから相手に勝たせ、負け犬になってい
ないですか。自分が傷ついてもいいから相手も傷つけようなどと考
えていませんか。

　136ページのトレーニング16に戻ってください。実は、この「第
4の習慣　Win-Winを考える。みんながハッピー。」というのは、

4番の文章なんです。こういう状態をみなさんが考えられるかどうかという習慣です。もう一度書きます。

4. 人と人とがかかわれば、お互い意見も違うのだから、あまりこだわらずに、いいものはいいと決めていけばいいのではありませんか。もちろん、自分の意見もしっかり主張しますが、相手の意見も理解できるまで聞きますよ。そうしなければ、よりよい方向へは行きませんからね。自分も相手も気持ちよく生活できることが一番です。

だからこの第4の習慣では、お互いがハッピーになることを考えればいいのです。「お互いに、いい結果を求めようよ」「ねえねえ、お互いにさ、ご褒美たくさんとれるように、ちょっと協力しない?」というように考えるだけ。それだけです。

自分だけ勝とうとしない。それからいつも負けている人は、ちょっ

と勇気を持って、「自分はこう思うんだけど」って一歩踏み出してみる。それが第4の習慣なんです。

　お互いに、自分がいい、相手もいいと考えてほしいのですが、そのときにふたつだけ気をつけてほしいことがあります。

1. 他人と自分を比較して(勉強面、運動面、その他)、がっかりしたり、落ち込んだりしたことはありませんか?
2. 他人と競争して、疲れたことはありませんか。または、勝ち負けにこだわって失敗したり、嫌な思いをしたことはありませんか?

　自分の経験を思い出してみて書いてみてください。経験を思い出せない人は、家族や先生、周りの大人、それからあとは周りの友だちに比較されたことがある、「この子に比べてこうよね」などと比較されたことがある、それで嫌な思いをしたなどと書いてみてください。それから競争したくなるようにあおられて、自分はしたくなかったけど負けてしまったというのもあるでしょう。次のページに書いてみましょう。

「テレビを見ていたら、あの子の字、あなたよりきれいじゃないの」などと自分が比較されてがっかりしたとか、「あの子に比べて、ほんとにあなたはのろいんだから」とか、「なんでそんなにバカなの?」など、そうやって人から比較されていると傷つきますよね。

それから、自分から友だちと比較して、「ああ、うらやましい」と、そういうのもあります。また、競争にこだわりすぎて、友だちとの関係が悪くなってしまうとか、そういうことも多分あるよね。

今はなくても、これから出てきます。実は、この比較と競争は間違えると大変なことになるんです。

この「比較」と「競争」が、私たち人間を苦しめることがあります。

まずは、「比較」について。みなさんは、自分と他の人を比べたことありますよね。たとえば、容姿。自分の見た目と相手の見た目を比べて、「自分なんて…」と思ったことはありませんか？　また、頭のよしあしはどうですか？　テストの点数がよいとか悪いとか、人の点数と比べて、「自分はだめな人間だ…」なんて思ったことはないでしょうか。

　そもそも他人と比較する必要がどこにあるのでしょうか。全く同じ人間ならわかります。でも、私たちは一人ひとり違う人間なのです。どこに比べる理由があるのでしょうか。他人と比較する心があるうちは、Win-Win を考えることはできません。
　だから、あなたたちだけでなくても、周りでよく比較する大人もいます。そういう大人の人たちは、Win-Win を考える状態ではないということです。みんなのことをしっかり見ていれば、比較なんてしないはずです。**「あなたにはこういういいところがあるよね」**という言葉が出てくるはずなんです、本当は。
　次に、「競争」について。みなさんは、必要以上に他人と競争したことはないでしょうか。運動やスポーツなど、他人と競い合うことは当然あります。しかし、相手に負けたくないからといって、相手を傷つけてまで勝っていいはずはありません。こんな状態では、Win-Win を考えることはできません。

「お互い高め合うために、勝負をする」これならいいですよね。「勝っても負けてもお互い、次の目標に向かって努力することを約束する」いいですね。

または、「過去の自分の記録を更新するために、努力をする」これはもっといいですね。これは、過去の自分と競争していることになりますが、とても健全な競争です。

第4の習慣、Win-Win を考える習慣を身につけるには、この「比較」と「競争」について、しっかりとした考えを持つことが大切になってきます。

「競争」が許されるのは、過去の自分との競争です。昔の自分と今の自分、どれくらい成長したかなって競争するというのはとても大事なことです。

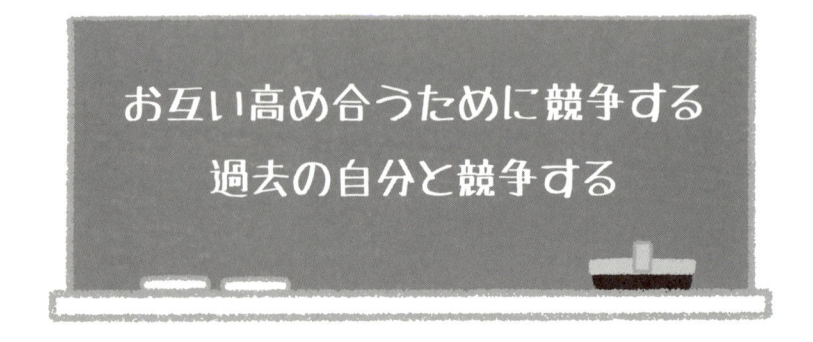

お互い高め合うために競争する
過去の自分と競争する

人との関係をよくしていく出発点が「Win-Win を考える」ことにあるのはわかったと思います。

　では、実際のところ、「Win-Win を考える」ことができる人とは、どんな人だと思いますか。これまでの学習も思い出しながら、考えてみましょう。

　Win-Win を考えられる人は、大人でもそうそう多くないんです。逆に言うと、今からみんながそういうことを考えながら生活していくと、ある程度の年齢になったときに、非常にうまく人間関係が結べることになります。

　そして、また次の世代にそういうことを教えられるし、伝えることもできますよね。では、何を持った人が Win-Win を考えられるか、どんな心を持つ必要があるのか。

「自分も幸せになるし、相手も幸せになる」ことを考えられる人とは、ひと言で言えば、**「心の豊かさ」**のある人です。

　そのためには、まず**自分が幸せ**であることが必要です。

　自分のことが好きで、自分が幸せな感じを持っていない人に、他人を好きになったり、他人を幸せにしたりなどできるはずがありません。いじめや嫉妬をする人がいますが、そういう人は、今の自分に満足できていないと見ることができます。不幸な人なんです。

　こういう人に、他人の幸せを考える余裕などありません。当たり前

ですが、Win-Win を考えることなどほど遠いのです。逆に、自分が幸せな人は、少しくらい自分の幸せを分けたくらいで、自分の幸せは減らないのです。むしろ、相手に幸せを与えることで、自分の幸せを増やすことができるのです。

こういう人の心を、**「太陽マインド」**と言います。

太陽の光は、誰にでも同じように降り注いでいます。特別に誰かだけ光を当てて、誰かには光を当てない、なんてことはありません。みんなに同じように光を降り注ぐことができる。こういう人こそ、Win-Win を考えることができるのです。

さて、みなさんの今の状態はどうでしょうか。幸せですか。それとも、不幸せで、他人のことをうらやましがったり、他人を攻撃したりしていないでしょうか。

まずは、現在の自分を肯定しましょう。今の自分でいいんだと思う

こと。肯定してあげる。自分の良いところを見つけて、自分を好きになる。その上で、他人のことについても考えてあげられる。そんな人になってほしいと思います。太陽マインドを持った人であれば、人は自然についてきます。

　リーダーは、多くの人とかかわる仕事です。太陽マインドを身につけることができるよう、毎日の生活の中で、Win-Win を考えていきましょう。

ここまでの授業を受けた子どもたちの感想

　Win-Win って聞いたことはあったけど、この授業ではじめて意味を知ったよ。僕は、どちらかといえば Win-lose タイプかな。お友だちによっては Lose-Win になったり、Lose-Lose の気持ちになることもあったりするな。

　でも、これからは僕だって Win-Win を目指すんだ。「太陽マインド」を身につけて、家でも、僕もハッピー、お父さん、お母さんもハッピーになる！　ぜったいそのほうが楽しいもんね。

8時間目
第5の習慣
『わかってあげてから、わかってもらう。
お互いにわかりあう。』

「Win-Win」を考えることができたら、次は相手とコミュニケーションをとる必要があります。これから「**第5の習慣　わかってあげてから、わかってもらう。お互いにわかりあう。**」に入ります。

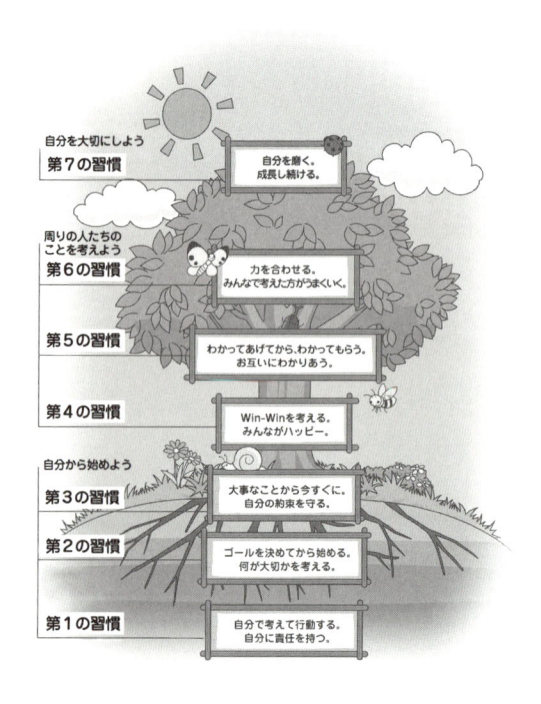

自分を大切にしよう
第7の習慣 — 自分を磨く。成長し続ける。

周りの人たちのことを考えよう
第6の習慣 — 力を合わせる。みんなで考えた方がうまくいく。

第5の習慣 — わかってあげてから、わかってもらう。お互いにわかりあう。

第4の習慣 — Win-Winを考える。みんながハッピー。

自分から始めよう
第3の習慣 — 大事なことから今すぐに。自分の約束を守る。

第2の習慣 — ゴールを決めてから始める。何が大切かを考える。

第1の習慣 — 自分で考えて行動する。自分に責任を持つ。

　問題です。

「次の動物にえさをあげてください。あなたなら何をあげますか。」

　次の欄に書いてみましょう。

これまで、いろんな子どもたちに聞いたところ、「にんじん」か「魚」と答えた人がほとんどでした。

あるときなど、えさをめぐって喧嘩になったこともありました。

「にんじんに決まってるじゃないの、あんたバカじゃないの?」

「何言ってるの? 魚に決まってるじゃん、あんたこそバカよ」

「何言っているんだよ、にんじんだよ」「魚だよ」と言って。

実はこの絵は、見る人によって違う絵に見えるんです。

(ちなみに、家族の人か、友だちに見せてみよう)

うさぎに見える人と、アヒルのような鳥に見える人とがいます。

両方見えましたか?

この絵の左ににんじんを置くとウサギに見えますし、右に魚を置くと鳥に見えるんですよ。

では、なぜえさをめぐって喧嘩になったんでしょうか。

「にんじんに決まっている」と言った人は、ウサギにしか見えなくて、魚と思った人は、鳥にしか見えてなかったということです。

私たちは普段から、お互い何に見えているかという大事なことを

確認しないで、相手と話を始めていませんか？　これが、第5の習慣に繋がります。

　人との習慣で、実際に大切になってくるのが、「コミュニケーション」の習慣です。コミュニケーションとは、人と人とが会話をすることですが、みなさんは、他人とどんなコミュニケーションをとっているでしょうか。

　たとえば、トレーニング18で絵を見てなんのえさを与えるかという問題に対し、自分なりの考えを持ちました。ある人は魚、ある人はにんじん。さて、ここで「絶対に魚だよ」「絶対ににんじんよ」と言い合いを始めたらどうでしょうか。

　そうです。絶対に問題は解決しません。なぜなら、絵がどんな動物に見えているのかを確認していないからです。本当は「あなたはどんな動物に見えているのですか」と確認してから始めなければならないのです。

　しかし、普段の生活ではどうでしょうか。お互い、相手が考えているもとを確認せずに、自分の考えばかりを相手に押しつけてコミュニケーションを始めていないでしょうか。そういうコミュニケーションを続けていても話は平行線のままです。だからこそ、相手の話を聞いてまずは相手を理解する。それから、自分の話を話し相手に理

解してもらう。この習慣こそ、「**第5の習慣　わかってあげてから、わかってもらう。お互いにわかりあう。**」であり、人とうまくやっていくために必要不可欠な習慣なのです。

　第5の習慣「わかってあげてから、わかってもらう。お互いにわかりあう。」には、ある言葉が隠されています。「わかってあげてから」というのは、誰のことでしょう？

　そう、相手のことです。「**相手のことを**」という言葉が、最初に抜けています。「相手のことをわかってあげてから」　さて、次はどんな言葉が隠れているでしょうか？

　そうですね。「**自分のことを**」という言葉が隠れています。「相手のことをわかってあげてから、自分のことをわかってもらう」

さあ、みなさんはこれまでの自分を振り返ってみて、まずは相手の話を聞くという習慣を身につけていたでしょうか。

　自分自身に聞いてみましょう。

　人の話をきちんと聞ける自信がありますか?

　それとも、自分ばかり話をして、相手が話をしているときにはいい加減に聞いていたでしょうか。

　第5の習慣「わかってあげてから、わかってもらう。お互いにわかりあう。」では、順番が大切です。まずは、相手を「わかってあげる」。それから、自分を「わかってもらう」です。

　でも、人はだいたい、「自分のことをわかって!　わかって!」と、まずは自分のことを話したがるものです。あなたは、どうですか?

　そこで、まずは「相手の話を聴く」ことがとても大切になります。「話を聴く」といってもただ聞くわけではありません。漢字からもわかるように、この「聴く」という字、分解してみるとおもしろいことがわかります。

　耳＋目＋心となっているのがわかりますか。要するに、人の話を聴くには、耳だけでなく、目と心が必要という意味なのです。目で相手をよく見て、心で相手が何を感じているのか、何を考えているのかを考えながら聴くのです。

　とはいうものの、まずは、相手の話を正確に聴けなければ話になりません。

　人は、だいたい、自分の聞きたいように相手の話を聞いています。これでは、自分中心の話の聞き方になってしまいます。まずは、正

確に聴く。いや、聴き取る。その上で、相手の気持ちも感じてあげる。そんな聴き方ができると、相手の気持ちも変わり、物事がスムーズに進んでいくことになります。そして、自分のことをわかってもらえるのです。

　大人でも話を聞けない人たちはたくさんいます。みなさんの周り、どうですか？　自分のことばっかりしゃべるお父さん、お母さん、いませんか？

「ちょっと、奥さん、聞いてよ」なんて、いつも話す方から始める人もいますよね。話を聴くというのは本当に難しいので、普段の生活の中でトレーニングしてください。では次のトレーニング、自分のことをわかってもらうってところにいきたいと思います。

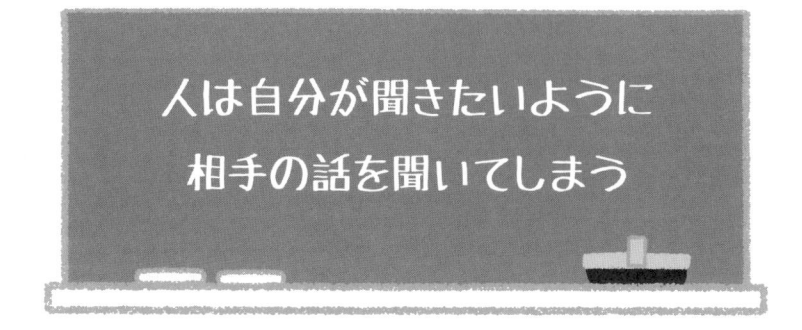

人は自分が聞きたいように
相手の話を聞いてしまう

相手に自分の気持ちや考えを伝える場合、どちらがよりいいのでしょうか。

> 1. ある母親の言葉
>   Aというお母さんがいました。
>   「すごい！　100点なんだ、えらいね……」と言いました。
>   次、Bという母親がいました。
>   「すごい！　100点なんだね、お母さん、うれしいなあ……」
>
> 2. ある友だちの言葉
> Aさん「前から思っていたけど、○○ちゃんってわがままだよね。」
> Bさん「前から思っていたけど、私、○○ちゃんが～なことをする
> 　　　からそのたびに傷ついているんだよね」

以前、他の子どもたちに聞いたときは、次のような答えがかえってきました。

「Aは相手のことを言っていて、Bは相手のことも自分のことも両方言ってる。先に相手のことを言って、次に自分のことを言っている。だからBの方がいい」

「友だちの言葉の方は、Bさんがいいと思う。理由は、相手のことも自分のことも両方話している」

「Bの母親の方がいいと思う。相手のことをわかってから、自分の

ことを話しているから」

「ある友だちの言葉で、Ａさんは悪口。Ｂさんは、自分の気持ちを言っているからＢさんのほうが良い」

　みんな鋭い意見を出してくれました。Ｂさんのほうが良いですよね。

　第5の習慣「わかってあげてから、わかってもらう。お互いにわかりあう。」では、順番が大切です。

　でも、自分のことをわかってもらうにも方法があります。ただ単に自分の考えや感情をそのまま伝えればいいというものではありません。そのままストレートに伝えれば、それこそ、けんかになりかねません。そこで、大事になってくるのが「伝え方」です。トレーニングで紹介したＡさんの場合、あくまでも「あなたは〜だ」というように、「あなた」が主語に来ています。

「あなたはだめだ」とか「あなたはわがままだ」とか。特に、何か注意をしたい時などは、これでは相手もカチン！ときます。また、「えらいね！」「すごいね！」も、ほめられたい相手から言われればあまり気にもならないのですが、これもあくまでも「あなた」が主語になっているため、場合によってはカチン！とくることもあるのです。

　では、どうしたらいいのでしょうか。

「自分」を主語にするのです。「私はこう思っているよ」「私は、こう

僕は……だと思います

感じているよ」というように、「私」を主語にして話すのです。あくまでも、自分はこう感じている、自分はこう考えているということを相手に伝えるわけですから、それは相手にも否定できません。「あの人はあんなふうに考えているんだなあ」と相手は受け止めるため、自分を攻撃されたとは感じないのです。

人とうまくやっていくには、コミュニケーションは欠かせません。まずは、相手の話を耳と目と心で聴く。相手の話を聴いたら、次に、自分の感じていることや考えていることを「自分」はこう思っているよと、主語にして伝える。普段からトレーニングを重ねていれば、それはやがて習慣になります。多くの人とたくさんのコミュニケーションをとる中で身につけていきましょう。これが第5の習慣です。

ここまでの授業を受けた子どもたちの感想

　学校でも、お父さん、お母さんからも、「人の話を聞きなさい」ってよく言われるよね。実は僕、わかってるよ、いつもいつもうるさいな！　って思ってたんだ。そんなふうに思うこと自体、話が聴けていなかったんだね。この授業で、話を聴くことの本当の大切さがよくわかったよ。

　今までは、相手の話を聞いているのではなく、自分をわかってもらうことばかり考えて話していたんだ。それと、自分が聞きたいように、相手の話を聞いてしまうこともあるんだって。

　これからは、まず相手の話を聴くことに気をつけてみようと思ったよ。

第6の習慣
『力を合わせる。みんなで考えた方がうまくいく。』

　第6の習慣まできました。今日はいよいよ、「7つの習慣」の集大成、まとめの習慣です。そして、リーダーであるためにしっかりと考えておかなければいけない、すごい習慣です。

　それは、「第6の習慣　力を合わせる。みんなで考えた方がうまくいく。」という習慣です。

　私たちは、よく「力を合わせて頑張ろう」と言いますが、ちょっと違います。

　まずは、シナジーの公式からお話ししましょう。

自分を大切にしよう
第7の習慣
自分を磨く。
成長し続ける。

周りの人たちの
ことを考えよう
第6の習慣
力を合わせる。
みんなで考えた方がうまくいく。

第5の習慣
わかってあげてから、わかってもらう。
お互いにわかりあう。

第4の習慣
Win-Winを考える。
みんながハッピー。

自分から始めよう
第3の習慣
大事なことから今すぐに。
自分の約束を守る。

第2の習慣
ゴールを決めてから始める。
何が大切かを考える。

第1の習慣
自分で考えて行動する。
自分に責任を持つ。

次のような算数を知っていますか。「1＋1＝2」みなさんどうですか？　知っていますね？

算数では、当たり前の式ですね。ところが、1＋1が2にならない算数があるんです。

1＋1＝2。1＋1＝1.5。1＋1＝1以下。1＋1＝3以上。

さて、この「1」の正体は？

答えは、「人間」です。人間＋人間＝2以外にも、1.5になったり、1以下になったり、3以上になったりする。人間がこの1に当てはまると、こういう算数ができるんです。

人間が合わさると、算数のように「2」にならないことがあるのです。では、どういう意味があるのか。

まずは、1＋1＝2。これは、**「協力」**と言って、ただそこにいる人の力を合わせただけのことを表しています。たとえば4人いたら、その4人の力をそのまま合わせただけが協力です。当たり前といえば、当たり前です。

次に1＋1＝1.5。これを**「妥協（だきょう）」**と言います。

お互い意見が少しずつ違うので、お互いにちょっとだけ我慢をする状態です。思い当たることありませんか？

「これして遊ぼうよ」「えー、俺こっちやりたいな」なんて、お互い我慢しながら、やりたくもないことをやるなど、お互いストレスがたま

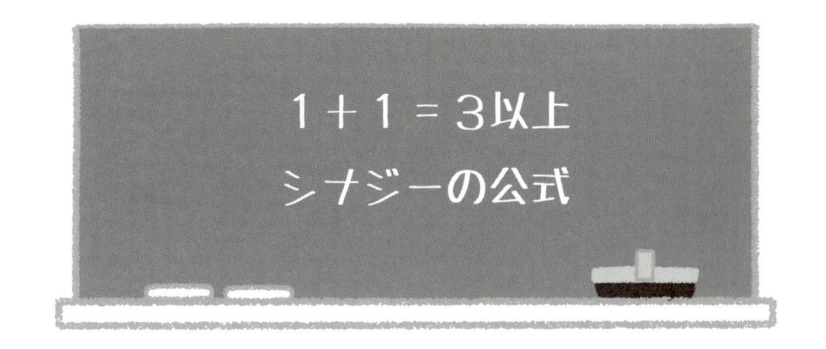

1＋1＝3以上
シナジーの公式

るような状態、これまでに経験ありませんか？

そして、1＋1＝1以下。これを「敵対」と言います。

お互い意見が真っ向から対立していて、険悪な関係になってしまうことを表しています。最悪の場合はケンカになります。

最後の1＋1＝3以上。これを「相乗効果（そうじょうこうか　英語でシナジー）」と言います。

そこにいる人数以上の力を発揮する状態のことです。この状態こそが「第6の習慣　力を合わせる（シナジーをつくりだす）。みんなで考えた方がうまくいく。」なのです。声に出して言ってましょう、「第6の習慣　力を合わせる。みんなで考えた方がうまくいく。」

大人向けの「7つの習慣」のタイトルでは「シナジーを創り出す」といいます。シナジー（相乗効果）、これが、普通の力を合わせるっていう状態よりも、さらに上の状態を表しています。

実は、これまでもみんなの力を合わせてシナジー（相乗効果）を発揮してきました。では、どんなところで発揮してきたのか。思い出してみましょう。

　これまでの生活の中で、相乗効果が発揮されたと思ったことはありましたか。または、残念ながら相乗効果が発揮されなかったことはありませんでしたか?

　まず、これはすごい結果になったなというようなことがこれまでにあったら、それを書いてください。今までみんなが力を合わせていい結果になった、一人で頑張った結果ではなくて、多くの人と力を合わせたときに、こんないいことがあったことなど、学校生活って、そういうこといっぱいあると思うんですけどどうでしょう。
「長縄大会」「音楽会」などもそうですよね。
　次に、逆にみんなとやろうとしたんだけど、うまくいかなかったことはその次の「相乗効果が発揮できなかったこと」の中に書いてください。学校以外でももちろんいいですよ。たとえば何か習い事していて、仲間と頑張った結果、すごい結果が生まれた、あるいはうまくいかなかったことなどもありますよね。

相乗効果が発揮されたこと

相乗効果が発揮されなかったこと

これも他の人たちの意見を紹介しましょう。まずは力を合わせてうまくいったこと。

「応援団で力を合わせて大声を出せた」「運動会のリレーがうまくできた」「水泳の大会のメドレーリレーで3位をとれた」「音楽祭で、みんなで一緒に歌った」「学習発表会の発表で、相乗効果を発揮した」

　逆にうまくいかなかったことは、「ゲームを一緒にやっていてケンカになりそうになった」「長縄大会でうまくいかなかった」

　面白いのは、同じ「長縄大会」でも、うまくいったときとうまくいかなかったときがあるということです。どうしてそうなってしまうのでしょうか。

「第6の習慣　力を合わせる。みんなで考えた方がうまくいく。」というのは、実は、私たちは日常生活の中でいくらでもやっている習慣なのです。

　たとえば、学校の運動会。リズムをやる学校も多いと思いますが、一人ひとりがしっかりと練習し、みんながリズムに合わせて踊ったり走ったりして、見ている人を感動させる。これなど、まさに相乗効果です。

　それから、音楽祭。ひとつの曲について、一人ひとりがしっかりと練習し、見事なハーモニーを奏でる。一人でも音程がくるっていればいい音楽にならないし、自分の出せる声を出さなければ人の心を

動かすような音楽にはなりません。

　そう、実は音楽は相乗効果なのです。音楽クラブに入っている方は思い出してみてください。一人ひとりは別々の楽器を演奏しているのに、全員が合わさることで感動的な音楽になる。聞いている人も感動し、演奏していても感動する。あれがシナジー（相乗効果）なんですよ。

　このように、学校生活の中で、相乗効果を発揮する場面というのはいくらでもあるのです。とはいうものの、この相乗効果、そう簡単には発揮できないのです。あることが邪魔するからです。その邪魔するものとは何でしょうか。

　では、相乗効果が発揮できた場面とそうでない場面の違いはなんでしょうか。

相乗効果を邪魔するものはなんでしょうか？　また、相乗効果を発揮するにはどうすればいいでしょうか？

まず、邪魔するものから書いてみてください。

相乗効果を邪魔するもの

どのようなことを思いつきましたか？

たとえば、「自分中心的でわがままな人」「自分の心の中の悪魔」「たった一人のふざけ」「自分の欲」などたくさんありますよね。

今度は、相乗効果が発揮されるにはどうすればいいかを考えてみましょう。

　相乗効果が発揮されるにはどうすればいいと思いますか？

　あらためて確認しますが、「第6の習慣　力を合わせる。みんなで考えた方がうまくいく。」が、「7つの習慣」のゴールです。

　力を合わせて、そこにいる人数以上の力を発揮して、ものすごい結果にする。これが第6の習慣の醍醐味、要するに面白さです。

　では、相乗効果を発揮するにはどうしたらいいのか。ひとつは、そこにいる全員が「主体的」かどうかです。

一人でもやる気のない人がいたらダメなんです。一人でもその場を崩すような人がいたとしたら、相乗効果は絶対に発揮できません。これは絶対です。100％できません。

　たとえば、あなたのクラスの中で、一人でも「行事なんて別に関係ないし、俺」って考えていたらどうですか？　普通にはできるかもしれませんが、全員が心から満足！とはならないですよね？

　あなたのクラスの人数は何人でしょうか。40人いれば、40人全ての人が主体的で、精一杯のことをやる。だからこそ、相乗効果が発揮されるのです。しかし、一人でも反応的な人がいたり、さぼるような人がいたりすると、全員が満足する相乗効果は発揮できません。だからこそ、この習慣は、他の習慣の集大成と言えるのです。

　全員が主体的なら相乗効果は簡単に発揮できます。しかし、全員が主体的であるなんてことがそう簡単にできるのでしょうか。誰か一人でも反応的な人がいたら、相乗効果は発揮できません。だから、第1の習慣から順番に良い習慣を身につけていくことが大事になってきます。

　でも、それだけではだめです。私たちは、どうしても、自分と違う考えの人間を敵だと思ってしまう傾向が強いからです。誰でも自分と違う考えの人に向かうときは、いい気分にはなりにくいものです。

　しかし、本来、意見が違うというのは当然ですし、意見が違うだ

174

けで、その人が悪いわけではありません。

　仮に、意見がまったく同じだったら、40人が40人同じだったら、39人いらなくなりますよね。一人だけでいいですよね?

　意見が違うというだけで、私たちは相手を排除しようとすることはないですか?　もしくは、敵と決めつけ、遠ざけたり自分から遠ざかったりしていないですか?

　これでは、相乗効果どころか、その場の雰囲気はますます悪くなっていきます。では、どうすればいいのでしょうか。

　まず、相手の意見を聴いて、違う意見が出てきたら「おもしろい! もっと聞かせて」と言うんです。

　自分と相手との違いが喜べるようになった時、はじめて相乗効果が発揮できるようになります。それにはまず、自分と他人とは違って当然なんだということを自覚し、違う意見が出てきたときには喜べる。そういう状態になった時、これまで経験したことのない世界を体験することになるでしょう。

　誰かと何かしようとして、なんか意見が違うなと思ったときに、ちょっと一時停止ボタンを押して、「おもしろいね、もっと聞かせて。なんでそんなに違うの?」と聞いて、そこからまたコミュニケーションを始めてみましょう。

> シナジー（相乗効果）を出すために
> 1.全員が主体的になる
> 2.違う意見には「おもしろい！
> 　もっと聞かせて」と言う

ここまでの授業を受けた子どもたちの感想

　1＋1＝3の計算も、最初は？って感じだったし、シナジーってなんだか難しそうって思ったけど、運動会や音楽会もシナジーだって聞いて、僕らも普段やってることなんだなって気がついたんだ。みんながお互いを認め合って、みんなが主体的に行動すれば、すごい力を生み出すことができるんだって。

　クラスでは、友だちと意見が分かれてケンカになったりすることもよくあったけど、これからは「おもしろい！　もっと聞かせて」を実践して、他人の良いところを認められる大人になりたいな。

第7の習慣
『自分を磨く。成長し続ける。』

　さあ、第7の習慣。これが最後の習慣です。「**第7の習慣　自分を磨く。成長し続ける。**」

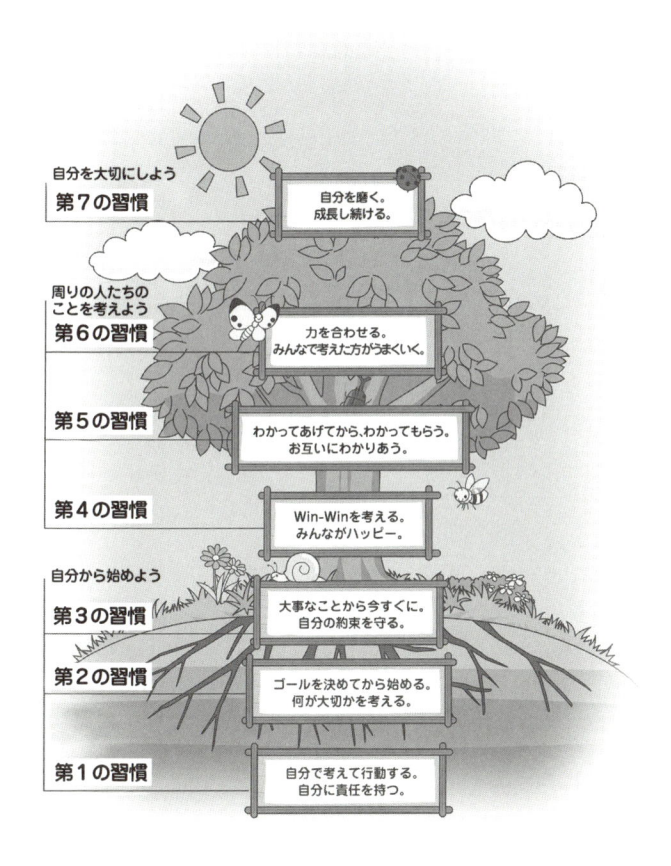

　さっそくトレーニング22。これも、家族の誰かや友だち何人かといっしょにやるとさらに効果があるので、試してみてください。

　あるところに木こりがいました。この木こり、休憩もとらずに一生懸命木を切っていました。向こうにもう一人の木こりがいるのですが、休憩をとっているようです。それなのに、向こうの木こりはこちらよりも早く終わったようです。一生懸命切っているのに、こっちの方が遅い。向こうの方が早く終わっちゃった。さて、どうしてなんでしょうか？

下に書いてみましょう。

答えはわかりましたか？

　刃を研いだノコギリと刃を研いでいないノコギリ、どちらがよく切れるか考えればすぐにわかりますね。答えは、「１回休むたびにノコギリの刃を研いでいたから」です。

　たとえば、古くなった掃除機や洗濯機。壊れる前に手入れが必要です。お肌のお手入れも必要です。

　このように、私たち人間も日頃から研いでおかなければならないものがあります。それは、「自分そのもの」です。

> 意識的に努力したり、
> 磨いたりしなければ、
> 衰えてしまう

　頭を使わなければ、頭は衰えていきます。心の手入れをおこたれば、心は貧しくなります。体を鍛えなければ、体は衰えていきます。人と関わらなければ、人と関わる力が衰えます。意識的な努力をしない限り、全てのものはそのままにしておくと衰えていきます。

　だからこそ、日頃から**「第7の習慣　自分を磨く。成長し続ける。」**習慣が必要なのです。何を磨くかというと、「頭・心・体・人間関係を磨いていく」のです。第7の習慣は、この4つを磨いていくという習慣なんです。

　じゃ、どうやって磨いていけばいいのでしょうか。

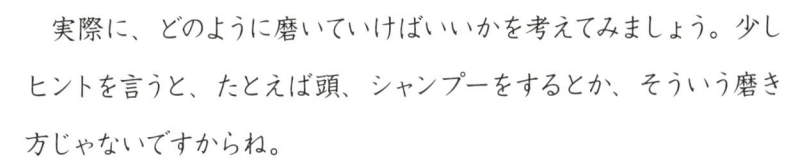

　実際に、どのように磨いていけばいいかを考えてみましょう。少しヒントを言うと、たとえば頭、シャンプーをするとか、そういう磨き方じゃないですからね。

「毎日勉強する」とか「読書をする」などです。頭、心、体、人間関係、4つあります。

　では書いてみましょう。

　頭

　心

体

人間関係

　ここでも他の子どもたちの意見を紹介しよう。

　まず頭。

「毎日勉強する」「ゲームをするときに鬼トレなどをやる」「できるものを持ってする」「自分の考えをしっかり持つ」「新聞を読む」

　次に心。

「思いやりをつかう」「朝から自分の直したいところを唱えて、心がける」「自分はどういうところを直したらいいのかなって自分に問いかける」「信頼関係を磨く」「掃除」「「嫌な感情をなるべくださない」「や

ましいことを無くす」「勇気を振り絞る」「自分の好きなものを見る」「自分の好きなものを見る」「好きな歌を聴く」

　いろいろありますね。

　今度は体。

「運動する」「好き嫌いを無くす」「栄養のあるものを食べる」「牛乳」「早寝早起き」

　そして最後、人間関係。

「友人に優しくする」「他人にも親切にする、自分のことばかり考えない」「仲間はずれにしない」「Win-Win を考える」「自分から話しかける」「コミュニケーションをとる」

　日本人には、自分のことはさておいても相手のために尽くすという精神があると思います。最近少し薄れてきたとも言われることもありますが、2011年の東日本大震災でも、自ら被災しているにもかかわらず、人を助けることに命を賭けている人たちがたくさんいました。

　面白かったのが、「ケンカする」というのがありました。いつも遠慮ばかりしないで、一度きちんと真っ向からぶつかってお互いが納得するまで話し合い、ケンカをすることでより深い絆が築かれることもあります。いつも我慢するのではなくて、言うときは言う。そして関係を強くしていくということは大事ですよね。

これらの意見を読んで、これはいいと思ったものは、自分が書いたところに書き足してください。

　次に、今日からこれ頑張ってみようと思うものに丸をつけてください。自分が取り組もうと思うもの、必ずどれかひとつには丸をつけてください。

　頭・心・体・人間関係の4つのうち、丸をつけたのはどこが多かったですか？
　これは、どれも大事です。だから、どれかやらないで、たとえば残りの3つだけ頑張ってもダメなんです。バランスが大事です。
　バランスをとるというのは、この4つをそれぞれきちんとやるということです。

　みなさんは、これまで、意識してこの4つについてしっかりと磨いてきたでしょうか。まずは、頭。これは、学校での勉強はもちろんのこと、家に帰ってからの学習も含まれています。学校でしっかりと学んでいるでしょうか。人の話をしっかり聴いているでしょうか。また、家に帰ってから読書をしたり、宿題をしたりしているでしょうか。
　次に、心。心を磨くといってもすぐにはピンとこなかったかもしれません。たとえば、嫌なことでもがまんをして実行する、ということ

があります。また、掃除に一生懸命取り組むということも心を磨くことになるでしょう。日記を書いて1日を振り返るというのもいいですね。常日頃からそういったことをしていたでしょうか。

　そして、体。1日にどれくらい体を動かしているでしょうか。全く動かない、全く運動をしないなんてことはないでしょうか。食事をきちんととることも体を磨くことになります。そして、睡眠。早寝早起きを実践しているでしょうか。

　最後に、人間関係。親子はもちろんですが、友だちに対して誠実に振る舞っているでしょうか。人の悪口など、陰で言ってないでしょうか。これら4つのことを日頃から意識して磨く習慣をつけていくことが、これまで学んだ第1の習慣から第6の習慣までをパワーアップさせることができるのです。

　もう一回、「7つの習慣」の木に戻ってみましょう。第7の習慣、どこにありますか?

　第7の習慣は、この木を包んでいると、そういうイメージを持ってください。

　これまで、自分自身がリーダーになれるということで、第1の習慣から第7の習慣まで学んできました。

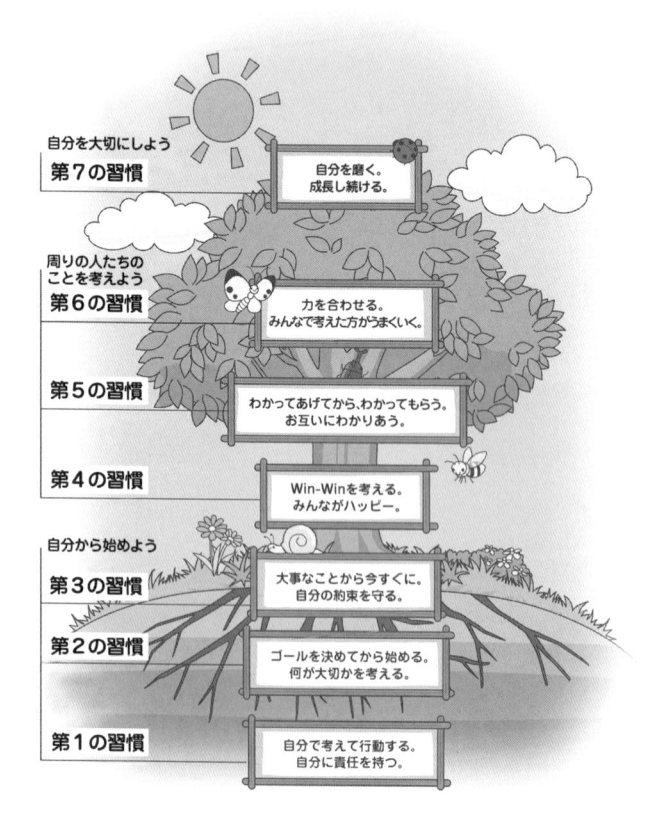

自分を大切にしよう
第7の習慣
自分を磨く。
成長し続ける。

周りの人たちの
ことを考えよう
第6の習慣
力を合わせる。
みんなで考えた方がうまくいく。

第5の習慣
わかってあげてから、わかってもらう。
お互いにわかりあう。

第4の習慣
Win-Winを考える。
みんながハッピー。

自分から始めよう
第3の習慣
大事なことから今すぐに。
自分の約束を守る。

第2の習慣
ゴールを決めてから始める。
何が大切かを考える。

第1の習慣
自分で考えて行動する。
自分に責任を持つ。

これで、「７つの習慣」の学習を終わりますが、最後に話しておかなければならないことがあります。それは、「７つの習慣」を学んだ人は成功していない、ということです。

「学んだ人がなぜ成功しないのだろうか」という疑問を持った人がいると思いますが、よく文章を読んでください。「学んだ」というのはすでに過去になっています。要するに、学んだだけで、その後、実践をしない人はだめだということです。

　これは、「７つの習慣」に限らず、他の勉強でも同じことが言えます。学んで満足してそれで終わり。これでは、成長も何もありません。

　では、どうすればいいのか。「学び続ける」そして「実践する」ことです。学んだことがあり、すぐに実践できることがあれば、実践する。そして、改善した方がいいことが出てくれば自分なりに考えて直し、また、実践する。人生はこの繰り返しの連続なのです。

　だから、「自分自身のリーダーになれる」というところから出発したこの「７つの習慣」も学んだだけで満足するのではなく、実践してほしいのです。

「主体的になるために一時停止ボタンを押してみる」これは、第１の習慣ですね。

「夢や目標をはっきりと意識して生活をする」これは第２の習慣。

「大事なことから始める」これは第３の習慣。

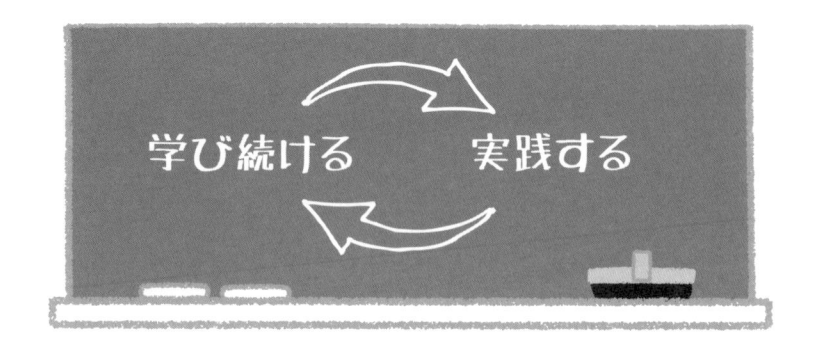

学び続ける　　実践する

「まずは相手のことを考える」これは第 4 の習慣。

「まず相手の話を聴く」これは第 5 の習慣。

「違う考えが出てきたときに、心の中で『おもしろい!』と思うようにする」これは第 6 の習慣。

「常に人と協力する」これも第 6 の習慣。

「そして、常に自分を磨く」これは第 7 の習慣。

　その先にあるのは、リーダーとなって活躍している自分です。「小さなことは大きなこと」これは、先生が大事にしている言葉で、どんなに小さなことでも続けていればいつか必ず大きな力となる、という意味です。

　どんなに小さくてもいいのです。まずは、リーダーになるためのはじめの一歩を踏み出してください。これまで一緒に学んでくれてありがとう。これからあなたが立派な中学生、高校生、そして大人になって大活躍することを心から期待しています。

ここまでの授業を受けた子どもたちの感想

「自分を磨く」の学習で、自分の身体や能力も、ノコギリの歯と同じように手入れをしないとさびてしまうってことを学んだよ。しかも、頭、体、心、人間関係のすべての面を、バランスよく磨くってところが大切なんだって。それって、普段僕らが言われていること。

　たとえば、毎日しっかり勉強すること、規則正しい生活を送ること、何事にも一生懸命取り組む姿勢、人には思いやりを持つってことに、ぜんぶ繋っているって気がついたんだ。どれかひとつだけじゃダメで、どれも大事なことなんだ。

「7つの習慣」を勉強して、これからは、第1〜第7の習慣を常に意識しながら毎日を過ごすって決意したんだ。お父さん、お母さん、僕頑張るから見ててね！

エピローグ
子どもと共に
「7つの習慣」を学ぶヒント

　子どもたちが学んだ「７つの習慣」はいかがでしたでしょうか。「７つの習慣」の用語は難しいところがありますが、子どもたちが自分の頭で考え実践することで、「７つの習慣」をどんどん吸収していく様子がおわかりいただけと思います。まさに鉄は熱いうちに打てということがよくわかります。

　しかし、子どもたちがせっかく「７つの習慣」を学び実践しようとしても、お父さんやお母さんの理解がなければ壁にあたってしまいます。ですから、お父さんやお母さんも、子どもたちと一緒に「７つの習慣」を学び実践してほしいのです。

『７つの習慣』の著者であるスティーブン・R・コヴィー博士は、「７つの習慣は家庭においてこそ深く学べるものです。７つの習慣の考え方は家族のためになり、家族の絆を強められるという希望です」と語っています。どうかこの機会を利用して「７つの習慣」を学び実践してください。ここにあるヒントをお読みいただき、子どもたちと一緒に「７つの習慣」を学び実践していただきたいと思います。

「リーダー」という言葉 → 12ページ参照

　私たちは「リーダー」を大人だけのもの、あるいは、特別な人のことだと決めつけてしまいがちです。実はこのパラダイム(思いこみ)こそが、一番の難敵です。

　よく、「うちの子ども(あるいは自分) はリーダーのタイプではない」とおっしゃる方がいらっしゃいます。

　しかし、この本の中で使っている「リーダー」というのは、本書でも再三述べているように、「自分自身に対するリーダー」という意味でもあります。

　多くの大人たちが、一人ひとりの人生に対して、生まれ育った環境や社会環境のせいにして、可能性を限定してしまい、はじめから決めてかかっています。

『7つの習慣』の著者、スティーブン・R・コヴィー博士は、「リーダーシップとは、選択である」と述べています。つまり自分自身の人生の中でおきるさまざまなチャレンジや行動を、自分自身で選択し切り拓いていくということです。

　本当の意味で、自分の人生を自分で選択できている人は、多くはありません。自分の人生にもかかわらず、コントロールできてい

ないのです。

　大人が子どもたちの可能性を限定することなく、「人生を自分で
コントロールし、選択できる」人間になるために支えてあげるべき
でしょう。

一緒にやってみましょう

　本書には、たくさんの演習が用意されています。

　中には、１人ではなく、ご家族の方々や友だちと一緒に行ったほ
うが効果的なものがあります。ぜひ一緒に取り組んでみてください。

　私たち大人は、「リーダーシップ」のことについて、これまであま
り考えてこなかったと思います。

　用意された問題や演習は、十分に私たち大人にも通用し、考え
させられる問題ばかりです。ぜひ、一緒に取り組んでいただきたい
と思います。

悪い習慣から抜け出す → 42ページ参照

　悪い「習慣」から抜け出せないのは、むしろ子どもたちよりも私

たち親世代かもしれません。

　子どもたちに対して、まず模範となること、これが大切なのではないでしょうか。

　子どもたちに「テレビを見すぎない」「宿題を先にやる」「ご飯を食べながら携帯を見ない」などといった悪い習慣の指導するときには、ぜひ、お父さん、お母さんが実践して行ってみてください。

　テレビを消して読書をしたり、家族で会話をする、食事のときは他のことをしない。知らないうちに子どもは親のことを真似ているものです。

　良い習慣は、お父さん、お母さんから実践してください。

一時停止ボタンを押す <small>→ 56ページ参照</small>

　自分の気持ちや行動は自分で選択することができる。これは大きなパラダイム・シフトでしょう。

　特に、「頭にくる！」「考えられない！」といった気持ちですら自分がその気持ち（怒り）を選択したということは、なかなか理解しづらいかもしれません。

　しかし、私たちには、動物と違って、「自覚」「意志」「良心」「想像」

という、4つの基本的な能力があります。これらの能力を使えば、自分の周りでどんなことが起きようが、何があろうが、自分だけの判断をし、行動を選択することができるのです。

　売り言葉に買い言葉、大人でもよくやってしまうことかもしれません。しかし、自分が瞬間的に怒りをあらわにすることで、お互いの人間関係にひびが入り、自分自身の気持ちも悪い状態となってしまっては、お互いのためにはならないでしょう。

「一時停止ボタン」を押す、これはぜひご家族で実践してみてください。

夢を叶える100のリスト → 93ページ参照

　この「夢を叶える100のリスト」もぜひ、ご家族全員でチャレンジしてください。「個人としてやりたいこと」「家族で達成したいこと」「仕事で成し遂げたいこと」「趣味でやりたいこと」なんでもいいので、あらゆる役割の中で考えてみましょう。

　そして、書き終えたら、お互いにリストを発表し合いましょう。きっと家族の中でも新しい発見がたくさんあることでしょう。

「お母さん、そんなことやりたかったの?」「それはいいね、応援

するよ」といった楽しい会話がたくさん飛び出すでしょう。

できれば、本文にもあったように、1週間でできる夢も書いておきましょう。1週間後にみんなでどうなったか確認し合ってください。また次の目標が生まれるはずです。

「やりたいこと」と「やるべき大事なこと」 → 99ページ参照

「やりたいこと」「やるべき大事なこと」というのは、人それぞれに定義が異なりますので、難しい面があるかもしれません。

「やるべき大事なこと」の定義としては、「自分の長期的な目標に向かって進むためにやるべきこと」「自分自身の心身の成長のためにやるべきこと」「周囲の人たちに対して役に立つこと」「家族で助け合うこと」などがあげられると思いますが、それぞれのご家庭の中で、今、なにが本人にとって大事なことであり、やるべきことなのかを一緒に考えてあげてください。

そして、お父さん、お母さんも、自分にとって何が大事なやるべきことなのかを教えてあげてください。

信頼貯金 → 117ページ参照

「信頼貯金」というのは、『完訳 ７つの習慣 人格主義の回復』（キングベアー出版）の中では、「信頼口座」と言い、人間関係における原則となる考え方です。

　私たちは、信頼関係を「信頼関係がある」「信頼関係がない」といった表現をよくしますが、信頼関係とは、単に結果の話ではありません。

　信頼関係は、築くことができます。その築く方法が、「信頼口座への預け入れ」です。少しずつでも構いません。定期的に預け入れをすることで、信頼関係が築かれていきます。

　お父さん、お母さんも、今週、大切な人間関係の中で、とくに子どもに対してどれだけの預け入れができたかどうか、振り返ってみてください。預け入れのないところに信頼関係は生まれません。家族全員が、１週間どのような預け入れを行ったかを発表し合うのも良い方法です。

Win-Winを考える → 135ページ参照

「Win-Win」という言葉は、最近ビジネスや国際社会の中でもよく聞くようになりました。Win-Winというのは、どちらも勝つ、満足するということですが、本文中にもあるように、一方が勝って他方が負けるという意味ではないということです。

　受験勉強にたとえるなら、友だちをライバルと考え、友だちを蹴落として「受かる」ということではなく、お互いが協力してお互いがより高いレベルに到達するということです。

　スポーツ、勉強、子どもたちが生きている世界は、比較と競争に陥りやすいことばかりです。子ども一人ひとりの才能は全員違います。比較には意味がありません。

　第3の習慣まで学んだ子どもたちは、自分の人生は自分で決めることを知っています。次は、相手もそれを知っていることを認めてあげる段階です。これは家族の関係の中でも同様です。

　お父さん、お母さんと子どもたちの間においても「Win-Win」でなければなりません。お父さん、お母さんのWinとは何か、お子さまの本当のWinとは何か、ご家族で話し合ってみてください。

共感による傾聴 → 150ページ参照

「7つの習慣」の中でも、もっとも難しいのがこの第5の習慣であるといってもいいでしょう。それぐらい、自分の話したいことを我慢して、相手の話を理解することは難しいことです。

　私たちのコミュニケーションがうまくいかないとき、不満に思うことは基本的にひとつです。それは、「相手がわかってくれない」です。

　私たちの悩みは、ほとんどが人間関係にあると言われていますが、この人間関係をつくるのはまぎれもなくコミュニケーションです。『完訳　7つの習慣　人格主義の回復』の中では、まず理解するために聴くことを、「共感による傾聴」　と言います。相手が感じていることを、同じように感じ、理解することで、相手は「理解された」と感じ、あなたとのコミュニケーションの壁がなくなっていくのです。

　共感は、同情とも違います。理解するだけです。賛成や反対など評価や助言は必要ありません。

　コミュニケーションとは、聴いて理解することです。子どもの言葉に口をはさまずに、とにかく子どもの思いを理解できるまで聴いてみてください。これまでとはまったく異なるコミュニケーションとなるでしょう。

シナジー（相乗効果）→ 162ページ参照

「シナジー」(相乗効果) とは、大人になって仕事をすればすぐにわかることです。ほとんどの会社という組織は、シナジーを生み出すことで成り立っています。だから社員を雇い、組織として成果を求めるのです。

　しかし、このことをわかっていながら、シナジーの本質について本当に理解している人は少ないと言えます。

　シナジーの本質とは、「違いを尊重し、私の案でもなくあなたの案でもない第3の案を見つける」ことです。この違いを尊重することが私たちはなかなかできません。ついつい、意見が異なる人を遠ざけ、意見の同じ人とばかり一緒に働こうとします。しかしそれではシナジーを生み出すことはできません。

　子どもたちにおいても、違いは個性であり、才能であり、存在意義です。家族全員で、「違うからおもしろい」ものを探してみましょう。

フランクリン・コヴィー社について

　フランクリン・コヴィー社は、戦略実行、顧客ロイヤリティ、リーダーシップ、個人の効果性の分野において、コンサルティングおよびトレーニング・サービスを提供するグローバル・カンパニーです。顧客には、米国の『フォーチュン』誌が指定する最優良企業上位 100 社のうち 90 社、同じく 500 社の 4 分の 3 以上が名を連ねるほか、多数の中小企業や政府機関、教育機関も含まれています。フランクリン・コヴィー社は、世界四六都市に展開するオフィスを通して、147 カ国でプロフェッショナル・サービスを提供しております。

トレーニング提供分野：
- リーダーシップ
- 戦略実行
- 知的生産性
- 信頼
- 営業パフォーマンス
- 顧客ロイヤルティ
- 教育

詳しくは、弊社Ｗｅｂサイト（www.franklincovey.co.jp）をご覧ください。

リーダー・イン・ミーとは

　リーダー・イン・ミーは、教育者たちと協力して開発された、21 世紀に生きる子どもたちのために必要とされる学校変革プログラムです。すべての子どもは独自の強みを持ち、リーダーになる可能性を秘めているということを大前提にして設計されています。

　実践しやすいよう設計されたプログラムによって、「リーダーシップの発揮」「文化の創造」「学力向上」という 3 つの課題解決すべてに効果的です。

児童（生徒）が主体となって学校文化を築きます

主体な学びによって学力を向上させます

「7つの習慣」に基づいて、子どもたちのリーダーシップを育みます

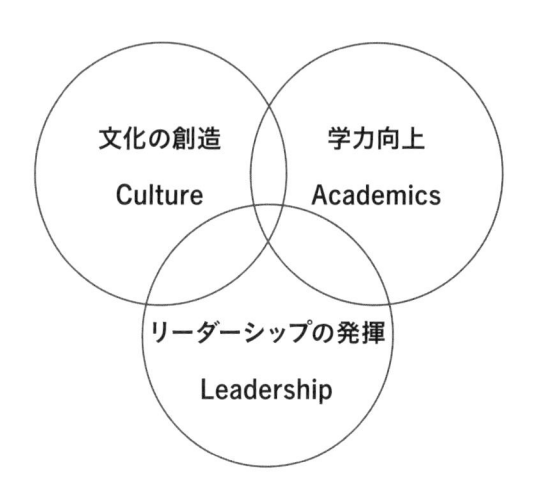

ぼくに7つの習慣を教えてよ！

2015 年 5 月 30 日　初版第一刷発行
2017 年 5 月 26 日　初版第三刷発行

編　者　　フランクリン・コヴィー・ジャパン
発行者　　正木晃
発行所　　キングベアー出版
　　　　　〒102-0075
　　　　　東京都千代田区三番町 5-7　精糖会館 7 階
　　　　　Tel：03-3264-7403（代表）
　　　　　URL：http://www.franklincovey.co.jp/
印刷・製本　大日本印刷株式会社
ISBN 978-4-86394-037-6